FEIYI GUANGXI

非遗广西

广西壮族自治区党委宣传部
当代文学艺术创作工程扶持项目

炮龙节

传承千年的狂欢

黎　炼　黎学锐　著

广西教育出版社

图书在版编目（CIP）数据

炮龙节：传承千年的狂欢 / 黎炼，黎学锐著 . —南宁：广西教育出版社，2022.6
（非遗广西）

ISBN 978-7-5435-9132-5

Ⅰ.①炮… Ⅱ.①黎… ②黎… Ⅲ.①节日–风俗习惯–介绍–宾阳县 Ⅳ.① K892.11

中国版本图书馆 CIP 数据核字（2022）第 081667 号

出 版 人	石立民	责任编辑	张星华	周栩宇	
出版统筹	郭玉婷	美术编辑	杨若媛		
设计统筹	姚明聚	责任校对	刘汉明	陆嫦澄	
印制统筹	罗梦来	责任印制	蒋 媛		
音像出品	韦志江	音像监制	滕耀胜		
音像统筹	陆春泉	音像编辑	陆春泉		

出　　版　广西教育出版社
　　　　　　广西南宁市鲤湾路 8 号　　邮政编码　530022
发行电话　0771-5865797
印　　装　广西民族印刷包装集团有限公司
开　　本　880 mm × 1230 mm　1/32
印　　张　5
字　　数　100 千字
版次印次　2022 年 6 月第 1 版　　2022 年 6 月第 1 次印刷
书　　号　ISBN 978-7-5435-9132-5
定　　价　28.00 元

如发现印装质量问题，影响阅读，请与出版社发行部门联系调换。

前　言

　　文化是民族的血脉，是人民的精神家园。习近平总书记强调，"中华民族在几千年历史中创造和延续的中华优秀传统文化，是中华民族的根和魂"。党的十八大以来，以习近平同志为核心的党中央高度重视中华优秀传统文化保护传承工作。中共中央办公厅、国务院办公厅2017年1月印发的《关于实施中华优秀传统文化传承发展工程的意见》强调，实施中华优秀传统文化传承发展工程，是建设社会主义文化强国的重大战略任务，对于传承中华文脉、全面提升人民群众文化素养、维护国家文化安全、增强国家文化软实力、推进国家治理体系和治理能力现代化，具有重要意义。非物质文化遗产是中华优秀传统文化的重要组成部分，是中华文明绵延传承的生动见证，是联结民族情感、维系国家统一的重要基础。保护好、传承好、利用好非物质文化遗产，对于延续历史文脉、坚定文化自信、推动文明交流互鉴、建设社会主义文化强国具有重要意义。

　　2017年4月，习近平总书记视察广西，来到合浦汉代文化博物馆，指出这里有着深厚的文化底蕴，要让文物说话，让历史说话，让文化说话，要加强文物保护和利用，加强历史研究和传承。2021年4月，恰逢"壮族三月三"活动期间，习近平总书记再次亲临广西视察，专程到广西民族博物馆观看壮族织锦技艺、壮族天琴艺术等非物质文化遗产项目的展示展演并给予高度肯定。2021年6月，习近平总书记在给老艺术家黄婉秋的回信中说，你主演的电影《刘三姐》家喻户晓，让无数观众领略到了"刘三姐歌谣"文化的魅力。总书记同时指出，深入生活，扎根人民，把各民族共同创造的中华文化传承好、发展好，是新时代文艺工作者的光荣使命。习近平总书记的重要指示，为我们做好广西文化遗产保护传承工作提供了根本遵循。

广西地处祖国南疆，是一个多民族聚居的地区，有壮、汉等12个世居民族。长期以来，各民族交往交流交融，和睦相处，团结奋斗，在八桂大地共同创造了光辉灿烂的历史和文化。广西各民族在适应自然，创造历史，与自然和历史对话过程中创造出多姿多彩、丰富厚重，具有极高历史价值、文学价值、艺术价值和科学价值的民族文化，为我们留下了宝贵的非物质文化遗产。这些遗产，一方面是各民族在广西这片亚热带土地辛勤耕耘的见证，另一方面也反映了广西各民族之间交往交流交融、共建壮美家园的历史，有力佐证了我们56个民族是命运与共的中华民族共同体。

广西非物质文化遗产以其多元化的形态体现着各民族的聪明智慧和非凡的创造力，是传承各民族文化根脉的宝贵资源财富，是激励各民族团结奋进、锐意进取的不竭动力和源泉，对继承和弘扬中华优秀传统文化，推动社会主义文化大发展大繁荣具有重要意义。为保护各民族共同创造的非物质文化遗产，广西采取积极有效措施，加强非物质文化遗产的保护与传承。截至2022年6月，广西共有70项国家级非物质文化遗产代表性项目，先后有49名传承人被认定为国家级非物质文化遗产代表性传承人；共有914项自治区级非物质文化遗产代表性项目，先后有936名传承人被认定为自治区级非物质文化遗产代表性传承人。

2021年8月，中共中央办公厅、国务院办公厅印发《关于进一步加强非物质文化遗产保护工作的意见》，要求加强非物质文化遗产相关出版工作，加大非物质文化遗产传播普及力度，出版非物质文化遗产通识教育读本。为认真贯彻落实习近平总书记关于文化遗产保护的系列重要指示精神和中办、国办有关文件精神，深入实施中华优秀传统文化传承发展工程，保护、传承非物质文化遗产，广西壮族自治区党委宣传部组织广西出版传媒集团旗下7家出版单位编纂出版了广西非物质文化遗产普及读物——"非遗广西"丛书，并将其列入广西当代文学艺术创作工程三年规划（2022—2024年）给予扶持。"非遗广西"丛书共20种，每种均附音频、视频等数字出版内容，通过融合出版方式增强丛书的通俗性、可读性、趣味性，全方位展示广西丰富多彩的非物质文化遗产。这对于加强广西非物质文化遗产保护、传承和开发利用，提升广西优秀传统文化影响力和传播力，建设新时代中国特色社会主义壮美广西，铸牢中华民族共同体意识具有重要意义。

非遗广西

炮龙节
传承千年的狂欢

目录 MULU

炮龙节的起源传说

地理人文

　　宾阳炮龙节盛行于广西南宁市宾阳县，以宾州镇为流传中心，辐射黎塘镇、邹圩镇、新桥镇等周边乡镇。宾阳炮龙节在吃灯酒的传统节俗上发展而来，于每年农历正月十一举

舞炮龙现场人山人海

办，主要包含舞炮龙、游彩架、吃灯酒等活动，其中舞炮龙是核心内容。舞炮龙究竟起源于什么年代，并没有确切的文字记载，据宾阳民间老艺人世代相传的说法及相关的文化研究推断，舞炮龙发源于宋朝，距今一千多年，是汉族、壮族文化融合共生的综合体。

舞炮龙是指舞龙队伍舞动炮龙，接受围观群众的"鞭炮洗礼"，鞭炮越响炮龙舞得越起劲，有"炮声不停，龙舞不止"的说法，场面热闹、惊险、刺激，参与者众多。2008年6月，经国务院批准，宾阳炮龙节列入第二批国家级非物质文化遗产代表性项目名录。

在中国的神话体系中，龙是万物之祖，有龙才有万物，如《淮南子》说"万物羽毛鳞介皆祖于龙"。龙寓意吉祥、尊贵、兴旺，中华民族将龙视为图腾及象征，自称"龙的传人"。《说文解字·卷十一》对龙的解释是："鳞虫之长，能幽能明，能细能巨，能短能长，春分而登天，秋分而潜渊。"这句话其实是古人对"东方苍龙"星象变化的表述。"东方苍龙"星象每天都在变化，春天时自东方夜空升起，秋天时落到西方地平线下，其运行周期与农时节令周期相一致，即春种秋收。古人很早就意识到，遵循自然，应时而作，和天地万物和谐共处才是生存的根本。古人把龙想象为"百虫之长"，认为它是"鳞甲动物之王"，这种有鳞爪的长虫具有神力及神性，能兴云布雨，是掌管雨水的水神。为祈求一年雨水丰足，五谷满仓，人丁兴旺，古人有敬龙祈雨、祈求龙神庇佑的习俗。几千年来，中国各地形成了众多具有地域性的敬奉、祭祀龙的民俗节庆，仅在广西就有正月十一宾阳炮龙节、二月二龙抬头、三月三壮族龙母节等与龙相关的节庆。

宾阳，古为百越之地。西汉元鼎六年（公元前111年）建领方县，属郁林郡，此为宾阳县行政建置之始，至今已2100多年。直到唐贞观五年（631年），宾阳古名"宾州"才开始使用。《宾阳县志》（1987年版）记载："贞观五年，置宾州，属岭南道，下辖岭方、琅琊、思干、安城四县。"

宾阳地处广西中南部，北回归线南缘，属南宁市。全境面积2308平方千米，东邻贵港市覃塘区，南偏东与南宁市横州市接壤，西南与南宁市兴宁区、青秀区交界，西与南宁市武鸣区相连，西北衔接南宁市上林县，东北与来宾市兴宾区相邻。境内河网密布，共30多条河流，多发源于县境，清水河、东斑江、大桥江等为较大河流，分郁江、红水河两河系，同属珠江—西江流域。便利的水路、陆路交通给古宾州带来了繁茂的商业，使这里成为商贾云集之地，特别是在明清时期，大批粤、湘、滇、黔等地的商贩、手工业者等沿着水路到宾州经商、定居，交易日趋繁盛，店铺作坊遍布，宾州逐渐发展成为桂中南重要的商品集散地，坊间亦冠以"百年商埠"的美称。

宾阳县境东、南、西三面边缘丘陵连绵，北及东北面边缘石山林立，中部为大片冲积平原，有"宾阳平原"的美誉，适宜耕种。明代地理学家徐霞客到此曾赞誉："……平畴一望，天豁岚空，不意万山之中，复有此旷荡之区也。"又由于宾阳地属亚热带季风气候，土壤肥沃，夏热冬温，雨量充沛，日

宾阳县"稻藕套种"栽培技术使水稻、莲藕获得双丰收

照充足，农业生产发达，物产丰富，盛产稻米、甘蔗、莲藕、茶叶等，在广西各县中以"鱼米之乡"闻名，稻作文化源远流长。

宾阳县下辖宾州镇、黎塘镇、新桥镇、邹圩镇、武陵镇、甘棠镇、露圩镇、古辣镇、大桥镇、和吉镇、陈平镇等16个镇及廖平农场。壮族、汉族、瑶族、苗族、侗族、仫佬族等多个民族杂居于此。各族群众在生产生活中创造了种类繁多的民间文化艺术，宾阳炮龙节、游彩架、舞彩凤、舞仙马等民俗文化扎根于此，代代流传。

炮龙节是宾阳最重要的传统节日，近年来节日规模越发庞大，最多时所舞炮龙数量有 100 多条。在当地，人们舞炮龙、炸炮龙，主要是为了祈求丁财两旺、风调雨顺、五谷丰登、国泰民安等。舞炮龙有严密规范的流程，几乎每一个流程都冠以"龙"字，比如开龙会、订龙、找龙脚、收龙钱、定龙路、发龙帖、迎龙、舞龙、化龙归天等。为更好地保护、传承和推广舞炮龙、游彩架、吃灯酒等民间传统民俗文化，1993 年宾阳县委、县政府将每年农历正月十一定为"炮龙节"。

宾阳炮龙节期间，宾阳县境及周边市、县的各族群众都会参与，还有游客专程从广东、湖南、贵州等邻近省份及港澳台地区前来参加，参与人数最多时有 50 多万人，法新社、路透社等外媒争相报道节日盛况，并称之为"东方狂欢节"。

在宾阳民间，关于炮龙节的起源，有吃灯酒、四龙拜祖、驱瘟疫送瘟神、卢氏传入等多种说法。

吃灯酒

　　每年农历正月十一，宾阳县及其周边的上林县、马山县、横州市、武鸣区、邕宁区等地区的壮族、汉族群众都要吃灯酒，这天也叫灯酒节。"灯酒"原叫"丁酒"，"丁"指人口，在宾阳当地壮语里，"丁"和"灯"音近，传着便成了"灯酒"。灯酒节是当地"添丁还愿""求丁求财"的传统民俗节日。在宾阳县宾州镇三联社区，灯酒节是以社坛为单位举办的。在宾阳，形成了以社坛为基准的地缘性街道段组织。每个社坛下的户数都不一样，少则十几户，多则五六十户，在三联社区有十几个社坛。每年农历正月十一这天，上一年喜迎新生儿的人家会买酒买菜宴请同社坛的父老乡亲吃灯酒，同庆添丁发财、宗族繁盛。在上一年农历十一、十二月才出生的孩子，因未满百天，一般不参加当年的灯酒节。人们将在下一年的灯酒节上为他们的出生庆贺。

　　每年的吃灯酒由同社坛的"灯头"负责召集，上一年第一个生男丁的户主就是"灯头"，第二个生的叫"灯二"，第三个生的叫"灯三"，以此类推。社坛户主里生男丁的要给各家各户发红鸡蛋，同时献一只大阉鸡来会餐，生女丁的也要献一只阉鸡，有些户主除了献阉鸡，还会献猪头或整头烧猪等。灯酒宴的费用由"灯头"到各家各户筹集，捐多少没有规定，少则几十元，多则几百元。有些较为富裕的"灯头"还会包办灯酒宴。当年灯酒宴的费用收支要用红纸进行公示，费用通常会留有结余，传给新一年的"灯头"，这是约定俗成的做法，有年年有余、香火延绵不断之意。灯酒宴的筹备，除了"灯头"，"灯二""灯三"等也要出力，各家各户都会出一到两人去帮忙，互帮互助是社坛成员的良好传统。按照惯例，吃灯酒前要先进行祭祀，人们会将煮好的阉鸡、猪头等供品带到社坛祭拜。在社坛，人们向土地神还愿，庆贺本社坛成员新生儿的出世，祈求土地神护佑新生儿平安健康成长，

男女老少吃灯酒

祈求新的一年继续添丁添财，风调雨顺，五谷丰登。祭祀后，人们在街道上摆起灯酒宴，每户出一个人去吃灯酒，男女老少皆可，老老少少在灯酒宴上欢聚会餐，情同一家。社坛给予人们亲情的温暖和家的依靠，让人们产生强烈的地缘认同感、安全感、归属感，使人们的社会关系更为紧密。

吃灯酒，重在一个"吃"上。如此重要的灯酒宴上，扣肉、福肉、筒骨炖莲藕、清炒莲藕、猪杂炒荷兰豆、粉丝炖慈姑等菜品早早就被列到菜谱中。冬季是宾阳慈姑的丰收时节。慈姑的吃法多种多样，但是在灯酒宴上，人们钟爱粉丝炖慈姑这道菜，而且慈姑必须是完整的，球茎上探出来的顶芽要保护好，不能断。灯酒宴结束后，慈姑要分给添丁的户主带回家，祝愿新出生的孩子像青芽一样生命力旺盛，能够健康茁壮成长。当地人认为，慈姑形状含有生殖繁衍之意。也就是说，人口的繁衍生息是头等大事，分发慈姑寓意着当地人对人丁兴旺、繁荣昌盛的祈求。

吃罢灯酒宴，重头戏在后头。宾阳人深信，舞炮龙可以祛除晦气，带来雨水、丰收、吉祥和安定，增加人的活力，提高繁衍生殖的能力，寄托了人们祈求人丁兴旺、安居乐业、国泰民安的美好愿望。由此，吃灯酒与舞炮龙在社会功能上达到一致，形成了不可分割的整体。

舞炮龙是晚上的活动。白天，游彩架、舞彩凤、舞仙马、踩高跷、舞狮等队伍组成浩浩荡荡的游行方队，在划定的街道开展巡游。彩架就是悬在空中的舞台，而身着戏服的小演员如同空中飘动的一道道亮丽的色彩，因而游彩架也叫"游

宾阳游彩架——"仙女散花"

色架""彩飘""飘色"等。彩架以方正的木桌或铁桌为载体，艺术上注重技巧与造型相结合，将五到七岁的金童玉女巧妙装扮，固定在方桌的上、下、中、左、右等位置上，展演一组古今故事中的人物造型，如"刘三姐与阿牛哥""穆桂英挂帅""中国女排"等。游彩架以造型精巧、装饰奇美、表演惊险著称。

炮龙节前夕，街道上有小孩的人家早早就领着孩子和彩架师傅"面试"。这些小孩大多已经上幼儿园，或是小学一年级，已明白一些事理。表演游彩架的小孩胆子要大，模样要俊，还要有耐力，因为展演一次游彩架往往要两到三小时，所以要有足够的耐力才能完成任务。要是被彩架师傅选上了，不仅小孩高兴，大人也会因此感到自豪。

四龙拜祖

在宾阳县宾州镇，社坛文化历史悠久，社坛的兴旺发达关系着社稷、人口的兴旺。有传说认为炮龙节起源于"四龙拜祖"，这是从风水学的角度所作的阐释，也是人们对社坛文化的一种传承和发展。

古代将土地神称为"社"，坛为土筑的高台，社坛即祭祀土地神的活动场所。《尔雅·释宫》记载："四方而高曰台。"在古人看来，台的特征就是高，登台才得以观天象。在建筑形式上，社坛彰显着古代审美和中国传统儒家思想。

相传，宾州镇老圩地势较高，远远看去如同一处社坛。向南延伸的四条老街宛如四条龙，龙头齐齐朝向社坛。风水先生称之为"四龙拜祖"。社坛所在地即现在的炮龙老庙，是炮龙开光地点之一。人们认为这是一块风水宝地，炮龙到此开光，能图一个吉祥喜庆、兴旺发达、步步高升的好兆头。

早在殷商时期，对社土的祭祀之风就已兴起，甲骨文中的 Ω（土）同时也是"社"字，即以"土"为"社"。土载万物，长百草五谷，供人类生息繁衍，功德无量，因而自古以来被人们崇拜，奉若神明。唐代典籍《礼记外传》曰："国以民为本，人以食为天，故建国君民，先命立社。地广谷多，不可遍祭，故于国城之内立坛祭之，亲之也。"古代帝王建设国家必先立社，反映了土地和粮食对于国家的重要性，也反映了帝王祈求社稷民生繁荣昌盛的愿望。据反映先秦时期社会、政治、经济、文化、风俗、礼法诸制的《周礼》记载："二十五家为社，各树其土所宜之木。"这里表明百姓按地域立社，规定二十五家封土立"社"，"社"掌管着一方水土的树木、农作物的生长，东西南北土壤各异，适宜种植的树木、农作物又各有特色，所谓"一方水土养育一方人"，就是这个道理。《墨子·明鬼下》云："燕之有祖，当齐之社稷，宋之有桑林，楚之有云梦也。"祖、社稷、桑林、云梦的性质都是"社"。古时多把"社"建在郊外，它既可以是祭祀场所，也可以是社交场所，除了特定时期举办祭祀活动，它还是先民

炮龙开光点——炮龙老庙

炮龙节的起源传说

13

们平时聚会论事、交际交往的社会活动中心。

在我国，不论南方，还是北方，人们普遍奉祀土地神。土地神又称"社神""土神""土地公""土地公公""土地爷""后土""土伯""福德正神"等。祭祀社神衍生出社日、"二月二"、"土地诞"等丰富多彩的节日。社日有春社、秋社之分。春天时祭祀土地是祈求地润万物，以获得农事丰收、生命繁衍，秋天时祭祀土地是酬报其恩德，即"春祈秋报"，供品都为土地所长、水中所养之物，以示虔诚。节日到来之前，"社头"召集各家各户，组织筹备整个活动，如吃社饭、喝社酒、吃社肉、迎神赛社等，共同祈求年景隆昌、五谷丰登、家运兴旺。社日是民间同庆的节日之一，各地过节形式不拘一格。随着时代发展，社日活动融祭祀、交际、游艺、娱乐为一体，逐渐演变为敬神、娱神、娱人的节俗。唐代诗人王驾、明代诗人方太古都曾以诗歌生动描绘社日聚会宴饮的热闹场景和春天的美好景象。王驾在《社日》中以"桑柘影斜春社散，家家扶得醉人归"的诗句展现了人们参加春社的喜悦心情，其中的桑树、柘树是典型的社树。方太古在《社日出游》中则以"村村社鼓隔溪闻，赛祀归来客半醺"的诗句表现了家乡浙江兰溪过春社的乡风民俗。此两者有异曲同工之妙。对于宾阳县的社日，清代汪森编撰的《粤西丛载》有这样的记载："宾州罗奉岭，去城七里，春秋二社日，士女毕集。"说的是在每年春社及秋社的日子，宾州的男男女女聚集在城郊的罗奉岭，一起祭祀、娱乐。

在广西、广东、浙江、福建等省（区），民间尤为盛行

"土地诞"的习俗。在广东中山一带，农历二月上戊日人们祭社神，燃爆竹，以祈求丰收。此外，随着华人向外迁徙，"土地诞"习俗在泰国、新加坡、马来西亚等东盟国家流传开，寄托了人们禳灾祈福、追求美好生活的愿望，促进了中华优秀传统文化与东盟民间文化的交融与发展。

"土地公"之所以备受推崇，不只在于其本领的强大，也在于其形象的亲和力。民间塑造的"土地公"形象千姿百态，最为常见的"土地公"鹤发童颜，慈眉善目，左手拿龙杖，右手执元宝，被人们视为土神、财神、福神、德神等。其年画最受人们欢迎，常在春节或喜庆节日里被贴在门上或厅堂上，寓意招财进宝、纳福呈祥、人丁兴旺。

从源头上来说，炮龙节起源于"四龙拜祖"的传说，体现了社坛在人们生活中的重要性。社坛中供奉的土地神掌管着社稷民生，人们以炮龙拜祖，表达祈求安定、兴旺、富足的愿望，以及对社坛、土地神的虔诚之心。

炮龙节上人们对社坛的祭祀非常隆重，从祭祀仪式、祭祀供品到各家各户的积极参与，无不体现了人们对社坛及土地神的推崇。节日里的每一条炮龙都要到社坛开过光才能起舞，象征着社坛激活了炮龙的生命力。长久以来，社坛为炮龙节提供了必要的物质支撑、举办场所和情感寄托，是炮龙节的源头活水和重要组成部分。

驱瘟疫送瘟神

岁时节日传统，是我们世代祖辈在长期的社会生活中，为了适应生活、满足生产的各种需求，以集体的智慧创造出来，并一代一代传承至今的。

炮龙节起源于驱瘟疫送瘟神的说法也与人们的社会生活具有密切的联系。炮龙节的流行和传承，是为了满足人们驱瘟疫送瘟神的现实需要，为人们的平安健康、生息繁衍、安居乐业等愿望服务的。

据《宾阳县志》（1987年版）记载，宾阳在清代发生过5次瘟疫，死者数以千计，民间骚乱，百姓恐慌。据传为防止瘟疫的蔓延，人们想了很多办法，但都行不通。有人就提议舞龙并放鞭炮，一是可以强健体魄，二是人们认为鞭炮中的硫黄可以杀菌消毒，驱除瘟疫，一举两得。宾阳当地盛产鞭炮，因而人们对鞭炮的成分和作用十分熟悉，于是大家都赞成这个提议。舞龙时，舞龙汉子赤膊上阵，汗流浃背，彰显舞者的威猛和刚健，围观人群大量燃放鞭炮，炸到龙和舞龙人身上，震天的炮声响成一片，氛围极为热烈。人们认为瘟神害怕鞭炮，鞭炮炸得越响越多，瘟神就会躲得远远的，不敢作怪。这样能把瘟疫和身上的衰气驱除，获得健康和平安。

每年舞完炮龙后，人们还会举行送龙仪式：先把残损的龙骨架集中堆放起来，再把剩下的龙头放在最上面，点火将龙焚烧，送龙"升天"。这最后的步骤也意味着将过去所有的疾病、瘟疫、衰运等一把火全烧掉，以迎接红红火火、平平安安的新一年。这样的舞炮龙仪式满足了人们在特定历史时期的现实生活需求，也维护了社会的和谐与安定。

岁时节日传统形成后并不是一成不变的，而是处于不断发展演变的状态。随着社会、政治、经济、文化、科技等因素的发展，以及人们认知的改变和实践经验的不断丰富，岁时节日传统也不断发展变化。时至今日，炮龙节驱瘟疫送瘟神的色彩虽有所淡化，但其祈福禳灾的功能仍然存在，更重要的是，炮龙节记录了先祖们对农业社会生产规律与自然节律的认识与运用。

卢氏传入

　　芦圩镇是宾阳县县城所在地，一直是宾阳县的政治、经济、文化中心。2009 年，芦圩镇更名为宾州镇。在芦圩老街巷，关于芦圩造屋建圩的传说常常能在老人们的谈笑间有所闻。相传，清代康熙四年（1665 年），卢氏三兄弟从广东南雄府始兴县（今广东省韶关市始兴县）都安水门楼迁来芦圩定居，以开粥铺谋生。随着各地商人陆续来此经商、定居，此地的圩市日渐繁荣，规模渐大。因为是卢氏三兄弟先到此地造屋定居，人们便以他们的姓氏作为圩市的名字，即"卢圩"。后来居民渐多，便在"卢"字上边加草字头，变成"芦圩"，表示人口众多、兴旺发达。因而也有传说认为宾阳舞炮龙的风俗传统就是卢氏三兄弟从家乡广东带来的。据传，三兄弟因为思乡情切，每年农历正月十一，他们也和在家乡时一样，热热闹闹地舞炮龙，以寄托思乡之情。久而久之，舞炮龙就在宾阳流传起来。

　　"卢氏传入"是当地民众对舞炮龙风俗习惯形成原因的一种解释，但从历史考证的角度来说，缺乏合理性。据 1987 年版《宾阳县志》和明朝《宾州志》的相关记载，芦圩于明朝万历年间已经成为圩场，由于四通八达，芦圩很快成为宾阳

14 处圩市中商业最集中之地。清代同治元年（1862 年）后，为了更好地开展商贸交易，商人们围绕圩场建设各自的经营铺面及街道，谷行街、盐行街、碗行街、油行街等便应运而生。

虽说传说与历史记载不符，但却反映了当地民众与外来商人共同建立圩镇的历史，展现了宾阳作为百年商埠的发展历程和繁华场景。在这之中，包容并蓄的炮龙文化对外来文化艺术的接纳与吸收，壮汉文化的交融，以及其岭南地理色彩都得到了最好的呈现。

大凡一种传统习俗，都是经过长期的生产生活实践及历史文化积淀而形成的。具体到宾阳炮龙节，也许某一事件会成为其源起的诱因，但总的来说，中华民族长期以来的龙图腾信仰和岭南深厚的稻作文化、龙母文化、灯酒文化、社坛文化、珠江—西江流域文化等文化积淀，才是它得以诞生的真正内因。

炮龙节的精神特质

舞龙纳福，全民共享

　　炮龙节是宾阳人一年一度的盛典，是大家翘首以盼的大节日。过炮龙节，老人小孩、亲朋好友、乡里乡亲团团圆圆，其乐融融。对宾阳人来说，炮龙节不只是隆重、盛大、吉祥、喜庆的节日，更是每个社坛、每条街道扎龙、舞龙、赛龙的成果展示，是自信和荣耀的表达。在狂欢的氛围中，人们与龙共舞，与神对话，与天地交流，在"天人合一"的境界中，享受每一个与龙有关的过程。

　　舞炮龙有一套严密的流程，几乎每一个环节都冠以"龙"字，稚拙古朴。这一套繁杂的流程在召集者的统一指挥下进行，开龙会、订龙、找龙脚、收龙钱、定龙路、发龙帖、迎龙、开光、舞龙、化龙归天等，每一样都不会落下。舞炮龙以街道为单位，召集者由同一条街道的住户轮流担任，轮到的人家，意味着当年会行大运，日子过得红红火火。每年的炮龙节，各街道至少舞一条炮龙，多的时候五六条，甚至十几条。

　　开龙会。舞炮龙需要进行长达几个月的准备工作，召集者一般提前三四个月召集本街道的炮龙"长老"（熟悉舞炮龙流程的老者）一起开龙会，商议炮龙节事宜，包括买多少条龙，去哪个社区跟哪个师傅订龙、买龙等，都要一一敲定。

龙会并不只是在准备阶段召开，一年里可以根据需要召开多次。舞完炮龙后，人们也会召开龙会总结当年舞炮龙的经验和不足，以使来年的舞炮龙更精彩。

订龙。炮龙的龙头、龙尾用当地盛产的麻竹（当地人称"牛筒竹"）进行扎制，用铁丝缠绕固定，以纱纸层层装裱起来，龙身则用金龙布装配。整条炮龙一般为七节、九节、十一节不等，总长度为十几米至四十米。也有长达百米的巨龙，不过多是根据活动需要特制的。制作一条炮龙需要经过三十多道工序，一名经验丰富的扎龙师傅至少需要十五天才能制作完成。

各街道会根据喜好和需要去跟扎龙师傅订龙。在宾阳，最为人熟知的扎龙师傅应数邹玉特了。他生长在炮龙世家，祖孙三代都扎龙，爷爷和父亲的扎龙技艺尽数传授给他。邹玉特扎了50多年的龙，他扎的龙结实，耐舞耐炸，威风凛凛，龙鳞闪闪发光，风格古朴，很有灵气，每每舞完后，炮龙的骨架仍然完整，基本没变样，因此很受欢迎。而作为青年扎龙代表的甘狄英，从小就与父亲学习扎龙技艺，他也常向扎龙老师傅们请教，形成了极具风格的扎龙技艺。甘狄英创新意识很强，近年在炮龙圈声名鹊起，他扎的龙现代感十足，配色很出彩，是将现代与传统融合的典范，舞动时又酷又炫。因扎龙技艺十分精巧，耗时又耗力，极少有年轻人愿意学。在宾州镇南街社区、仁爱社区、中和社区、三联社区、同仁社区、中靖太社区等，目前只有二十多名扎龙师傅在传承着这门古老而神奇的民间技艺了。

邹玉特在展示已扎制好的炮龙

找龙脚。炮龙要舞得好看，就要找好龙脚（舞龙者），组建一支战斗力十足的舞炮龙队伍，并安排时间训练。龙脚通常不需要特地去找，街道上的年轻人会自告奋勇前来报名。年轻力壮的男子优先入选龙脚阵容。舞龙时，龙脚们就是街道的"门面担当"，因而被选为龙脚是令人倍感光荣的事。龙脚们都要经过严格的集体训练，才能掌握舞炮龙的技巧。在宾州镇，掌握全套舞炮龙技巧的仅 60 人左右。

收龙钱。龙钱一般是由召集者提前 20 多天到街道上向各家各户集资募捐，捐多少没有规定，收上来的资金全部用于炮龙节的开支，用于购买炮龙和舞炮龙的龙裤、龙带、龙帽，以及有关道具等，收支明细于活动结束后用红纸公示。

定龙路。定龙路即定下舞炮龙的路线，以不与其他街道

甘狄英在给炮龙上色

的舞炮龙路线相冲突为标准。定好龙路后，用红纸张贴出来，
让街坊邻居知晓，同时营造节日氛围。

　　发龙帖。龙帖是要发给街道上各家各户的。龙帖的制作
需要经过一道古老工序——活字印刷术，将龙帖内容印在红
纸上，红纸尺寸与一般的请帖尺寸一致。古法手工制作的龙
帖洋溢着浓浓的乡情，内容大多为"恭喜发财，炮竹增光"
等恭贺主家的祝词，同时提醒主家备好鞭炮迎接炮龙。

　　迎龙。去扎龙师傅家迎龙回本街道的过程中，龙的眼睛
是要用红布蒙住的，不可见光。

　　开光。人们在舞炮龙前，都要先到本街道所属社坛为炮
龙开光，也有部分会去炮龙老庙或其他庙宇开光，比如三联
社区的炮龙集中在城隍庙开光，在村屯里举办的舞炮龙则在

正月初二日小龙
登临
贵府恭禧发财
炮竹增光
卢圩中和街小龙队鞠躬

龙队拜年贺岁所发的龙帖

龙帖的活字印刷模具

村社坛开光，这都是对传统的沿袭。开光仪式神圣而庄严，人们每年会在社坛中推选出一名德高望重的男性长者主持开光仪式，仪式于晚上七点准时开始。届时长者咬破公鸡鸡冠，揭开蒙在龙眼上的红布，以鸡冠血滴在龙眼上，寓意为使炮龙获得生命能量，睁开双眼，下凡人间。这场景极具震撼力，随后四处鞭炮齐鸣，火光冲天，一条条巨龙在炮声中狂舞起来。人群跟着欢呼："舞炮龙了！"

舞龙。每一条炮龙由龙牌（也叫龙灯）、灯彩（也叫花灯）、锣鼓、八音等在前面开路，手执引珠者、抛火药者、举火把护龙者、提火篮者等伴随左右，按照定好的龙路前进。举龙牌者走在队伍的最前面，龙牌上写着舞龙队所属街道，这是一个队伍的标识。

举灯彩的是十来个孩童，他们如同龙宫里的"虾兵蟹将"，举着鲤鱼、螳螂、蜻蜓、蝴蝶、虾、蟹、兔子等各种动物造型的灯彩，五彩缤纷，引领着龙向前舞动。没有站在舞炮龙队伍里的孩子们，也都有各自亮闪闪的灯彩。灯彩是一种竹编手工艺品。宾阳人或多或少都会一些竹编手艺，炮龙节到来的前几天，每家每户会为自家孩子扎制灯彩。以竹篾扎制出不同的动物造型，在造型底部中间位置固定一根举杆，再以纱纸装裱，用画笔着色点缀，内置蜡烛或小灯泡，栩栩如生的灯彩便制作好了。夜幕降临，孩子们举着心爱的灯彩出来游街串巷，好不热闹。灯彩丰富了炮龙节的文化生活，与炮龙形成一种和谐之美。

当晚，万众瞩目的龙脚们就是最光彩的存在，他们浑身

炮龙节的精神特质

上下透出一种粗犷、野性之美。他们身穿龙裤，腰间系着龙带，头戴龙帽（藤编或竹编），一个个赤膊上阵，举着炮龙奔向街道，将新春的福气送到各家各户。炮龙时而高昂着头，做出巨龙喷火的姿态，向着夜空喷出一团团耀眼的火光，蔚为壮观。舞炮龙有"炮声不停，龙舞不止"的说法，炮龙每到一家，要待到鞭炮响声停，才可向前舞去。有些人家为了让炮龙舞得久一些，准备了数十万响甚至数百万响鞭炮燃放。爆竹越响越多，龙越舞越猛，龙在自家门前舞得越久，就越吉祥。因此龙队要舞完整条街道，有时要通宵达旦，有时要两夜，甚至三夜。其间，若是炮龙被炸烂，龙脚们仍坚持不懈，换上新的炮龙继续举舞。

舞炮龙最令人激动的莫过于与龙的互动了，人们认为炸

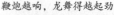

鞭炮越响，龙舞得越起劲

炮龙可以带来一整年的兴旺，特别是炸龙头，可以带来头运。当龙游舞时，还可以钻龙肚祈福，求得神龙的保佑。大人抱着小孩钻龙肚，小孩会聪明伶俐、平安健康，大人则事业红火、吉祥如意；情侣牵手钻龙肚，可喜结良缘、幸福美满。

人们认为，炮龙身上的龙须、龙鳞、龙布等都是吉祥物，可以驱邪、护身。有时为了拿到吉祥物，人们会趁着炮龙舞到身边时，迅速扯下几根龙须，或是几片龙鳞、几块龙布，随身携带或是放在车上，当作护身符，以期获得神龙保佑，百邪不侵、平安、顺利。有的人会把吉祥物带回家系在鸡笼、鸭笼或是猪栏、牛栏上，以保佑家里的禽畜不染瘟疫，发育

扫码看视频

围观群众将一串串鞭炮炸向炮龙

良好。因此，能拿到炮龙吉祥物的人，可以说是运气极佳了。

炮龙身上还有一样吉祥物最为珍贵，那就是龙珠。炮龙有三珠——含珠、引珠、财珠，其中含珠也叫龙珠，在龙的嘴巴里。民间认为，抢到龙珠的人，当年会喜添男丁。有时人们为了求得人丁兴旺、财源茂盛、平安健康，也会去抢龙珠，供奉在家里。经商的人也很喜欢龙珠，认为龙珠可使生意红火、财运亨通。有时为了确保能取到龙珠，很多人会提前跟龙队订购。炮龙起舞时，舞龙头的人要时刻护住龙珠，以防被抢。传说，没有经过开光和举舞的炮龙，其龙珠不具有灵气。因而订购了龙珠的人们，都是舞炮龙活动结束了才能拿到。人们得到龙珠实现添丁愿望之后，要"还龙"。添丁的主家出资请扎龙师傅扎一条炮龙，并带上煮熟的猪头、酒水、水果等供品到炮龙开光点祭拜，师公到场作法，举行祭拜仪式后，就烧龙升天，以感谢龙神赐子之恩。

化龙归天。经过几夜的狂舞，炮龙把祝福和喜气带给了街道上所有人家，此时鞭炮燃尽，人也尽欢，炮龙全被炸烂，只剩一副骨架，龙队集合生火烧龙，化龙归天，寓意神龙浴火重生，福泽人间。

人龙合一，龙炮共欢

　　舞炮龙不仅是一项民间民俗活动，更是集竞技性、表演性、健身性、娱乐性于一体的民族传统体育项目。

　　舞炮龙讲究的是人龙合一，人赋龙形，龙赋人神，昂扬奔腾，气魄雄浑。舞炮龙的时候，舞龙人身上普遍有一种势不可挡的气势和神韵，炮火在身上狂轰滥炸也不退缩，任何时候，龙头都不会落地。他们传承着炮龙的精神血脉，昂扬

炮龙队在展示"巨龙喷火"

奔腾，气魄雄浑，英勇顽强，团结协作，包容和谐，生生不息。因而人们也亲切地称舞龙人为炮龙勇士、炮龙武士、炮龙英雄等。

舞炮龙是一项集体运动，舞龙人必须团结合力举舞，炮龙才显得威武、勇猛。在这个群体中，龙头的举舞人特别重要。龙头是灵魂，龙头带得好，龙才会有千姿百态，时而蜿蜒翻腾，时而穿花过草，时而贴地俯冲，无论哪种姿态，都粗犷有力，彰显龙的豪迈气魄。

一个龙头往往有二三十斤重，举舞时，密集的鞭炮向舞龙人身上炸来，不仅不能躲避，还要向前迎上去，正所谓"舞龙的人不怕炮"。舞龙人为什么不怕炮，不躲炮，并不是他们的皮肉特殊，鞭炮炸不烂，奥秘在于鞭炮上。炮龙节上所燃放的鞭炮都是有规定的，只能燃放小炮，不可燃放大炮（也叫满地红）。这种小炮每响所含的火药量很小，又因鞭炮里还含有硫黄，具有杀菌消毒的作用，因此，皮肉被炸到也只会出现轻微的皮外伤，三五天便可自然痊愈。

七尺男儿即便被鞭炮炸得满身都是皮外伤，也绝不后退，舞龙人靠的就是炮龙精神的强大支撑。舞炮龙时，炮龙勇士只管勇往直前，不会有人喊一声"疼"，说一声"难"，他们以龙为荣，为龙争光。

舞一条炮龙至少要配备两班人马，轮流上场。在二三十人的团队中，大家统一于同一个目标，服从命令，这也体现了炮龙包容、和谐的集体精神。

舞龙人之所以能处处彰显昂扬奔腾、气魄雄浑、英勇顽强、团结协作、包容和谐的炮龙精神，与平日里严格的训练及教练的培养是分不开的。一个舞龙人必定要经过多年的舞龙实践和炮火的洗礼才得以成长。

舞炮龙需要良好的团队合作精神。龙队在场上需要随时保持互动，毕竟舞炮龙靠的不是一个人的动作，而是多人的协调配合。通过配合，将人体多种姿态与舞炮龙的技巧结合，做出"8"字舞龙、游弋、起伏、翻滚、腾跃、缠绞、穿插等组图造型类动作及组合动作，展现炮龙的气势和精气神。舞炮龙的队员可分为舞引珠者、舞龙头者、舞龙身者、舞龙尾者等几类。

舞引珠者相当于龙队的指挥者。舞炮龙时引珠先出场。举珠亮相时引珠在舞者的头部上方，舞者不停转动引珠，挺胸、收腹、立腰，眼随珠行。待到将炮龙带入场内，舞者双眼注视引珠，环视炮龙及周边情况变化，与龙头密切配合，引导炮龙完成各种动作和造型。

舞龙头者是龙队的主心骨，一般都由健壮魁梧、勇武有力、身材高大的队员来担当。龙头要紧随引珠移动，与引珠紧密配合。龙嘴与引珠相距1米左右，龙头左右摆动时，龙嘴相应做出追珠之势。龙头舞动时不能碰到龙身和其他舞龙者。在龙头的带领下，龙队完成各种动作，展现出炮龙威武壮观之势。

舞龙身者是龙形、龙貌的保持者，也是龙身动作的完成者。舞动时与前者保持一定距离，做到龙体不相碰、人不相撞。舞龙身者手部动作主要有举龙、端龙、托龙、挺龙、滑把、换把等。空中换手时尽量将龙身抬高，甚至可以跳起来。舞动过程中龙身不可塌肚、触地、脱节，随时保持龙体饱满，流畅连贯，彰显炮龙矫健、雄劲的形态和面貌。

　　舞龙尾者要时刻保持龙尾左右、上下晃动，一般都由反应敏捷、动作灵活的队员来担当。龙尾也是炮龙的主要部位之一，炮龙翻腾时，舞龙尾者也要顺势做出翻尾动作，需轻

宾州镇兴仁龙队参加"百龙舞宾州"比赛

巧生动，因为太慢会显得笨重、呆板。龙尾有时也成为带头者，舞动过程中避免碰撞，不可触地，要控制好龙尾摆动弧度的大小，体现炮龙的勃勃生机与活力。

舞炮龙有一套传统套路。炮龙要舞得虎虎生风，形、技、法、情四要素缺一不可。形指的是炮龙的各种形态；技指的是舞龙队员与龙头、龙身、龙尾的配合，龙头与引珠的配合，以及引珠、鼓乐与龙体的配合等；法指的是舞龙队员的步法、

握法、舞法等；情指的是人龙共舞时所表现的人龙合一、血肉相连的情感，起舞时使观众感受到喜悦、祥和。

在四要素中，技与法支撑着形和情的表现。因此舞炮龙各部位人员的默契配合、团结协作非常重要。首先是引珠与龙头的默契配合，龙头紧随引珠的指引做出不同的姿态和动作，从而带动龙身的舞动。其次是抛龙头和火药手的配合。舞龙头的队员呈S形左右翻动龙头，一般是三步一抛龙头，龙头抛到最高点时要"甩须"，在"甩须"的瞬间，火药手抛起火药，创造炮龙吞云吐雾的奇观。情绪高涨的围观群众瞅准龙头处于最佳姿势的时候，纷纷将鞭炮炸向龙头，鞭炮越响，龙头舞得越有劲。最后是舞龙头、龙尾、龙身队员们的默契配合，龙身队员跟随龙头队员的路径小跑行进，龙尾队员呈"之"字形前进。所有场上的队员都不能怕炮、躲炮，龙节之间保持适当距离，既不塌，也不紧绷，使龙体呈现生动流畅的线条。

舞炮龙的动作技巧、组合动作等具有极高的审美价值、观赏价值和艺术价值。舞炮龙的动作技巧一般按照难易程度进行划分，有A、B、C三个等级。A级为舞炮龙的基本动作与技巧，B级为具有一定难度的动作与技巧，C级是高难度的动作与技巧。对于舞炮龙来说，快速舞龙时要突显龙的迅捷和力量，因此难度越高，其艺术美感就越强。

舞炮龙的动作技巧多为B级，有快速逆向跳龙行进、快速跑斜圆场、龙穿身、纵向曲线慢腾进、8字舞龙磨转、卧龙飞腾、原地快舞龙、大立圆螺旋行进、快速矮步跑圆场越

宾阳炮龙在竞技活动中展现雄姿

障碍、快速曲线起伏行进等 10 多种。A 级有单侧起伏小圆场、起伏行进等。C 级有大横 8 字花慢行进、跳龙接摇船舞龙、360 度连续螺旋跳龙、纵向曲线快腾进、直躺舞龙等。其中大横 8 字花慢行进最为常见，由引珠引导龙身左右上下起伏、缓慢游走，使整个龙体组成横 8 字图案，运行轨迹圆滑，慢而不断，柔中带刚，体现炮龙自然、流畅的动态，图案清晰逼真。一般来说，横 8 字图案要成形 4 次以上。

舞炮龙离不开鼓乐的配合。鼓乐的演奏具有地域民族风采，旋律、节奏与炮龙的舞动、造型紧密配合，和谐一致。在鼓乐的衬托下，炮龙或静或动，动时生机勃勃，生龙活虎；静时形象庄严，形神兼备。炮龙的静止造型有龙出宫、龙脱衣、龙尾高翘、高塔盘等多种。

炮龙在竞技或是展演中，都有出场和退场的程序。出场如前所述，退场则由引珠引龙体跑出场外边线，站成一横排，全体队员左手持龙杆，右手上举，鞠躬向观众致意。

一代代舞龙人在舞炮龙的实践中，将炮龙的精神传承、传播，发扬光大。多年来，炮龙精神渗透到宾阳人生产生活的方方面面，引领着他们奋发图强，干事创业。

与时俱进，同声共唱

千百年来，炮龙精神血脉的代代相传，濡染了宾阳人的气质、底蕴，滋养了宾阳人的品格、风骨，引领宾阳在时代的浪潮中大步向前，促进了宾阳社会、商贸、文化、旅游的健康、快速发展。1993 年，宾阳县委、县政府将每年农历正月十一定为炮龙节后，宾阳炮龙节不再是纯粹的民间节俗，在政府的助力下，民间与官方同声共唱，获得了更为强盛的生命力，开辟了一片新的天地。

在社会层面，宾阳炮龙节促进了宾阳县和周边地区的社会稳定及民族团结，铸牢中华民族共同体意识。每年的炮龙节，大型民间文艺巡游率先开场，巡游项目集合了宾阳各乡镇及上林县、马山县、横州市、武鸣区、邕宁区等周边地区各具特色的民间民俗活动，多为游彩架、舞彩凤、舞仙马、踩高跷、舞狮、八音、锣鼓等，展现各族人民礼赞幸福生活的美好景象，具有浓郁的民俗风情和生活气息，为炮龙节助兴，营造欢乐、热闹的节俗氛围。

巡游队伍长四五千米，街道两旁人山人海，热闹非凡，有些小孩为了能看到展演，会坐到大人的肩膀上。巡游时，

炮龙节上的宾阳八音巡游

锣鼓喧天，器乐声悠扬。巡游队伍一边展演，一边行进，鼓
掌声、欢笑声、欢呼声不绝于耳。

　　巡游队伍中，打头阵的往往是游彩架。据传，游彩架于
清代从广东佛山传入宾阳，盛行于宾州镇，已有上百年历史。
旧时常在五谷丰登、国泰民安之年，由彩架艺人制作后选择
吉日游行，以示庆祝。后来，彩架艺人对彩架装置艺术、造
型艺术进行了改革、创新和发展。1991 年，彩架由肩抬改为
万向轮推式台阁，还搬上舞台进行表演，颇受群众欢迎。现
在，游彩架常在新春或是喜庆节日中举行，以人物艺术形象
造型展现古今故事，具有极强的艺术性、观赏性、民俗性，
既具有古典韵味，又焕发时代风采。小演员们在彩架装置技
巧与造型艺术的结合下，宛如一组组在空中流动的五彩雕塑，

惊险又神奇，令观众百看不厌。近年来，在宾阳炮龙节、"壮族三月三·八桂嘉年华"、南宁市"文化和自然遗产日"等民俗活动及非遗宣传展示活动中，总能看到游彩架。游彩架以其新颖、独特的艺术形式，丰富了节日庆典文化内容，充盈着人民群众的精神文化生活和民族审美情趣。出游之日，观众从宾阳各乡镇及周边县镇云集而来，街道上各家各户张灯结彩，喜气洋洋，与亲朋好友、远方宾客欢聚一堂，共度佳节。每当游彩架的队伍出现，定能紧紧地吸引观众的视线。彩架队伍一般由三至四台彩架组成，多的时候有八台、十台。在民间，彩架起游时先放鞭炮，舞狮队在彩架前方开路，彩架居中，八音、舞龙随后。彩架旁有一个举牌人，牌子多由锦旗制成，牌上写明表演彩架的单位及彩架的节目名称，如"宾阳三联社区彩架""仙女散花"等内容。有时为了展演方便，也直接将牌子制作成牌匾，固定在彩架方桌正前方。外地的观众初次见到彩架时都倍感惊奇，连连发问："这小孩是真的吗？""这是怎么做到的？"此时两旁持护叉护架的工作人员，便用护叉送水果、点心等给小演员们吃，观众见状，更是惊叹不已。一台彩架就是一幅展开的故事画卷，集故事美、绘画美、塑像美、妆容美、造型美、服饰美于一体，融合了民俗学、历史学、力学、美学等学科知识，是一门综合表演艺术形式，芬芳于岭南民间。

彩架师傅周宏年中国画作品《宾阳彩架庆盛世》

宾阳县非遗展演活动中的游彩架

　　巡游时，舞彩凤的风头也不小，可谓巡游队伍中闪亮的
存在。舞彩凤盛行于宾阳县甘棠镇一带，距今有300多年的
历史，多在大年初一、正月十五元宵节、农历五月十三关公
诞等节日庆典时举行，是当地人祈求祥瑞福寿、人财两旺、
风调雨顺、五谷丰登、家庭幸福、爱情美满等的民间民俗活
动。在中国传统文化中，"凤"和"龙"一样，是中华民族的
图腾和象征。"凤"是原始先民幻想出来的神鸟，具有神力，
载歌载舞，"凤"出现人间，则天下安宁。"凤"指凤凰，雄
为凤，雌为凰。《山海经》载："其状如鸡，五采而文。"这是
对凤凰形象的最初描述。凤凰是百鸟之王，"凤凰齐飞"象征
吉祥和谐，爱情美满。自古以来，人们对"凤"的崇拜表现

在方方面面，与人们的生产生活和审美情趣相融合。商周时期的玉器、青铜器上已有凤纹的刻画，到秦代则发展为对"凤"形象的具体雕刻，显示"凤"在人们心中的美丽善良、高大轩昂，鲜明而富有时代特征。

在中国传统的吉祥纹饰、图案和民间年画中，"龙凤呈祥"是最为常见的。在炮龙节上舞彩凤，也是取"龙凤呈祥"之美意，表示龙和凤一起，吉祥而喜庆。龙和凤，一个是众兽之君，喜水、通天、善变而灵异；一个是百鸟之王，喜

翩翩起舞的甘棠彩凤

火、秉德、兆瑞而美善。龙与凤相互配合、对应，建立起美好、互助、合作的关系，反映着古人的龙凤崇拜和阴阳观。后人常用"龙凤呈祥"比喻比翼双飞、恩爱相随的美满爱情。春秋时期"萧史弄玉"的传说故事便是"龙凤呈祥"的最好诠释。

舞彩凤由凤鼓、唢呐伴奏。唢呐吹奏曲调有凤凰调、甘棠山歌调、甘棠出彩调等，地方音乐色彩浓郁。舞彩凤也有雄雌之分，起舞时，先由雄凤在前引出雌凤，之后雌雄彩凤成双成对，随着鼓乐翩翩起舞，或挺胸展翅，或昂首阔步，形态令人赏心悦目。舞彩凤中的"比翼双凤""八字飞舞"等表演动作，寓意着爱情美满、婚恋顺利。在乡间，青年男女都喜欢观赏舞彩凤，舞彩凤寄托了他们追求爱情事业双丰收的美好愿望。在平日的节庆里，舞彩凤的队伍沿着既定舞动路线，给街道或村寨中的各家各户送去祝福和喜气，彩凤舞到家门前时，户主奉出准备好的米花糖、米饼、红包等作为答谢，表达相亲相爱、吉祥和谐的民族情感。

在巡游队伍中，颇为引人注目的还有露圩镇舞仙马。舞仙马是当地民众喜闻乐见的民俗活动，常在"露圩壮族圩逢"等节庆中起舞。民间认为，舞仙马寓意马到成功、招财进宝、吉祥如意，因而常在正月初一、正月十五元宵节等喜庆的节日庆典中举行。仙马造型精美，鲜艳夺目，栩栩如生。仙马也分为雌马、雄马，雌马为黄色，雄马为红色。仙马舞动时美丽壮观，是炮龙节上一道风景线。

游彩架、舞彩凤、舞仙马等是炮龙节中重要的巡演、展

宾阳县露圩镇舞仙马

演项目，是宾阳县、上林县、马山县、横州市、武鸣区、邕
宁区等地区各族人民群众喜闻乐见的非遗瑰宝，老少皆宜。
这些项目不仅为炮龙节增光添彩，也极大地丰富了炮龙节的
活动内容，凝结了宾阳各族人民及周边各族群众的集体智慧，
展现了各族人民的精神气质和时代风貌。在巡游中，各族人
民心手相连，情谊更浓，获得了丰富的审美体验，同时也增
强了民族自信心和自豪感，彼此的沟通、交流更多、更深入
了。在炮龙文化的大家园中，各族人民紧紧地团结在一起，
讲好一个个炮龙故事，以多姿多彩的民族风貌为炮龙代言。
宾阳炮龙节的大型民间文艺巡游向人们展现当地优秀传统文
化，促进宾阳县及周边县镇等地区各族群众的文化认同，为

新时代广西各族群众铸牢中华民族共同体意识做出生动实践和贡献。

在商贸层面，宾阳炮龙节形成了开放、包容、团结、守信、守德、进取的商业文化。宾阳商业文化的形成，来自炮龙精神文化对宾阳商人的熏陶和洗礼。在历史发展进程中，宾阳商人不断以炮龙精神文化来涵养、充实自身商业文化。商业文化的长足发展，极大地促进了宾阳商贸的发展。在新时代，良好的商业文化也将推动宾阳的乡村振兴。

宾阳水路属珠江—西江流域，运输航线长，沿江码头多，具有与外界互通有无的便利。早在先秦时期，居住在合浦的骆越先民就通过海洋与东南亚各族群通航往来。到了汉代，古代海上丝绸之路始发港——合浦古港已然成为中外通商往来的重要门户。合浦古港的兴盛带动了广西各地对外贸易的兴盛，包括宾阳在内。唐宋时期，宾阳生产的筒布、竹编、藤器等传统手工艺品被列为贡品。发达的传统手工业使"宾阳制造"拥有广大的市场，其开放、包容的社会环境吸引了众多外来经商者。明清年间，广东、贵州、云南、湖南、福建、浙江等外地手工业者、商贩等陆续迁来宾阳。随之而来的，还有他们带来的生产、经营等方面的技术和经验。这些推动宾阳手工业、制造业的繁荣发展，使宾阳快速成为商贾云集之地和桂中南商品集散地。宾阳的廖平圩、甘棠圩亦成为远近闻名的盐埠，往来客商络绎不绝。清光绪年间，宾阳商业繁荣发达，盛极一时，当地生产的陶瓷、壮锦、纸扇、纸伞、毛笔等销售到广西各地及湖南、贵州、云南等地；云南、贵州等地生产的商品亦经过宾阳销往广州、香港等地。宾阳"三宝"——壮锦、竹编、瓷器更是以构思精巧、风格雅致、特色鲜明而闻名海内外。新中国成立前夕，荣生和、永隆昌、卓均记、广荣行、广利行、广发昌、马祥记等成为宾阳商界实力雄厚的老字号，经营纱布、油豆、纸张等。

对外贸易的发展必将带来文化和思想的交流与融合。在宾阳"百年商埠"的历史画卷中，外来的商人们和宾阳本土商人一起参与到炮龙节等地方民俗活动中，他们互相交流、借鉴、传播经商经验，洽谈合作机遇，获得炮龙精神文化的浸润和滋养，日积月累中，其从商的理念和个人的品行便外化为炮龙精神的灵魂：开放、包容、团结、守信、守德、进取。宾阳作为"百年商埠"，其深厚的商业文化底蕴与商业精神是相辅相成的。在历史发展中，其商业文化培育、造就了以人为本、依法经商、以德服务的宾阳商帮群体，他们形成强大的凝聚力和共同的道德准则、价值观念，产生强烈的上进心和高度的责任感，推动着宾阳商贸快速发展。

在文化层面，宾阳积极参与国内外文化展示交流活动，讲好中国炮龙故事，推动与宾阳炮龙节相关的非物质文化遗产走向全国、走向世界，展现东方文化魅力，提升炮龙文化影响力，为"一带一路"倡议等服务。炮龙文化在引领社会风尚、教育广大青少年，以及推动中华优秀传统文化创造性转化、创新性发展上发挥了重要作用。

近年来，在宾阳县委、县政府的领导下，在县委宣传部、县文化馆等的具体指导下，宾阳县民间炮龙艺术协会、宾阳县宾州镇文化体育和广播影视站等积极牵头，充分发挥了南宁市面向东盟国家、中国港澳台地区的地缘、人缘优势，以讲好中国炮龙故事为出发点，加强炮龙文化的展示展演，创新推进宾阳炮龙节在东盟国家及中国港澳台地区的交流传播，加深了文明交流互鉴，为"一带一路"倡议的践行添砖加瓦。

2000年，宾阳炮龙受海南一集团邀请前往海南省海口市演出，这是宾阳炮龙首次出区展演，此次展演大获成功，宾阳炮龙一炮而红。炮龙与海滨城市风情相得益彰，充满着热情和激情，受到海南观众和广大游客的喜爱和欢迎。自此之后，宾阳炮龙"走出去"的机会和平台越来越多。

中国与东盟国家山水相连，人缘相亲，文化相通，语言相近。宾阳炮龙在"走出去"与"请进来"的文化交流活动中，向越南、泰国、马来西亚、新加坡等东盟国家乃至全世界讲好中国炮龙故事，传播中国炮龙声音，记录文明互鉴、共同进步的丝路故事，丰富了中国与东盟国家民众的历史文化记忆，增进了中国与东盟国家的友好往来。

2008年的除夕夜，南宁电视台和越南数码电视台共同举办"春天的旋律·2008"中越大型跨国直播迎春晚会。在迎春晚会的分会场——南宁青秀山"食通天下"生态广场，8条宾阳炮龙狂欢舞动，将富有年味的民间年俗活动展现给中越两国人民，给中越两国人民带来了新春的祝福和欢乐，促进了中越两国人民相通、相知、相亲。2011年，南宁电视台与来自泰国、马来西亚的电视台在宾阳炮龙老庙共同录制宾阳舞炮龙的新春节目，节目于 2011 年春节期间在中国、泰国、马来西亚三国播出，展现开光、灯彩、舞炮龙等炮龙节习俗，促进了中国年俗文化与泰国、马来西亚等东盟国家民间节庆文化的交流与合作。

由于宾阳炮龙具有鲜明的地方色彩，为中国独有，因而备受各界关注。2009 年，新加坡妆艺大游行总导演范东凯在网上看到宾阳炮龙的报道后，非常兴奋。范东凯导演亲自到宾阳现场观看炮龙的展演，这种边舞龙边放炮的独特形式和浓郁的地方民俗特色令他赞叹不已，看完后他决定邀请宾阳炮龙参加新加坡妆艺大游行，并为此付诸行动与努力。新加坡妆艺大游行，是新加坡一个展示多元文化的春节庆祝活动，是一年一度的盛大庆典，汇聚世界各国独具特色的民间艺术表演，共同营造过年的欢乐氛围。2009 年 12 月 30 日，新加坡人民协会向宾阳县民间炮龙艺术协会发出邀请函。2010 年2 月 17 日，参加新加坡妆艺大游行的宾阳炮龙在新加坡街头舞动，燃放鞭炮 800 万响，打破了新加坡 38 年的"禁炮令"，宾阳炮龙的惊艳亮相，轰动了新加坡。宾阳县民间炮龙艺术协会秘书长张云真回忆起这段经历，仍难掩内心的激动和自豪。他说，当时现场许多观众激动得流下热泪，时隔 38 年，宾阳炮龙为新加坡人民带来了鞭炮炸响新春的声音，如此特别的"新年礼物"令新加坡人民非常感动，难以忘怀。新加坡《联合早报》《海峡时报》等媒体纷纷报道宾阳炮龙参加此次大游行的盛况，并通过电视转播及网络视频播放等方式让

2010 年，宾阳炮龙参加新加坡妆艺大游行

大家观看游行活动，吸引了 2100 万人次观看。宾阳炮龙给新加坡民众及海内外友人带来了不一样的年俗年味，带来了不一样的欢乐精彩，这次春节庆祝活动受到了世界各国民众的高度赞赏。新加坡人民协会为此特别向宾阳县民间炮龙艺术协会发来感谢信，感谢宾阳炮龙的精彩演出带给新加坡民众独特的年俗体验，感谢宾阳县民间炮龙艺术协会为促进中新两国文化交流、传播与发展所做的贡献。

继新加坡交流展演之后，宾阳炮龙连续三年受邀参加台湾省台南市盐水区蜂炮节。宾阳炮龙与台湾蜂炮的同台交流展演，为两岸民间文化艺术的深入交流、合作夯实根基，使两岸同胞的民族情感更为密切。2008 年，周世进先生等台商到宾阳参加炮龙节时，发现炮龙节与盐水蜂炮节具有许多共同之处，便建议两地开展交流展演，该建议获得了中央、自治区、南宁市等各级台办及宾阳县政府等相关部门的大力支持。盐水蜂炮节是流行于台湾省台南市盐水区的元宵民俗活动，以燃放蜂炮的形式向"关帝圣君（关公）"祈求人寿年丰、四季平安，与宾阳炮龙节一样，是当地吉祥、喜庆的年俗活动，每年都吸引数以万计的观光客。2014 年，台湾省台南市盐水区武庙管委会正式发来邀请函，邀请宾阳炮龙赴台湾盐水参加蜂炮节，与盐水蜂炮同台闹元宵。宾阳炮龙的壮观威武与盐水蜂炮的璀璨亮丽相映成趣，烘托了元宵节团圆、欢乐、热闹的节日气氛，为广大台湾同胞及来自世界各地的观光客提供了新奇的节俗体验。中央电视台中文国际频道、央

2014 年，宾阳炮龙参加台湾省台南市盐水区蜂炮节

台湾盐水蜂炮在宾阳炮龙节上绽放

视一套、央视新闻频道均报道了宾阳炮龙赴台表演的盛况。宾阳炮龙属"大陆赴台第一龙"，在此之前，中国大陆各式各样的龙都没到过台湾表演，这也成了大陆与台湾文化交流的一段佳话。

2015年及2016年元宵节，宾阳炮龙又连续应邀参加台湾省台南市盐水区蜂炮节，与台湾同胞共度佳节。2016年宾阳炮龙除了在盐水区表演，还去到善化区表演，扩大了其在台湾的传播力和影响力。为了加深"双炮"交流，宾阳县也将盐水蜂炮邀请到宾阳炮龙节上展演。随着交流的深入推进，两岸人民对彼此的爆竹年俗文化都很欣赏，由此促进了两岸年俗非遗传承活动的互动、互鉴与发展，加强了宾阳炮龙、盐水蜂炮等优秀传统文化的对外宣传推介，提升了两岸人民的文化交流互鉴水平。

除了"走出去"与"请进来"，宾阳炮龙在主流媒体上的传播、推介力度也不断加大。2006年以来，中央电视台《远方的家》栏目组、《百山百川行》栏目组、《纪录》栏目组及广西电视台、南宁电视台等媒体多次聚焦宾阳炮龙节，录制宾阳炮龙节系列纪录片、访谈节目等，向全球播放，扩大宾阳炮龙节的影响，进一步推动宾阳炮龙节及其相关的非物质文化遗产在全国乃至世界的传播与弘扬。2011年3月7日，中央电视台中文国际频道大型旅游节目《远方的家》面向海内外观众播放电视专题片《百龙舞宾阳》，时长43分钟，全景展示了宾阳炮龙节的盛况及灯酒宴、游彩架、采茶戏等风土民俗，成了海内外友人了解、认识宾阳炮龙节的崭新窗口。

　　进入新时代，宾阳炮龙的传承、传播、推广与创新显得尤为重要，宾阳炮龙只有紧抓时代机遇，不断注入新动能，才可获得源源不断的发展动力。大力开发宾阳炮龙文创产品，丰富炮龙文化内涵，推动宾阳炮龙文化在国内外的展演和交流，特别是面向西部陆海新通道城市、港澳台地区及"一带一路"沿线国家等的展示、展演、交流与合作，继续讲好中国炮龙故事，使炮龙文化更好地融入西部陆海新通道、珠江—西江经济带、粤港澳大湾区、"一带一路"倡议等国家发展大局。

　　在旅游层面，宾阳炮龙节拉动消费，助推树立宾阳旅游节庆品牌新形象。2007年起，宾阳县委、县政府打造宾阳炮龙节"百龙舞宾州"特色品牌，每年舞炮龙百余条，氛围非常热烈，吸引了来自美国、德国、法国、英国、澳大利亚、日本、马来西亚、新加坡等国家，以及中国港澳台地区的众多游客，每年炮龙节前后，县城的宾馆、酒店都爆满。2007年以来，炮龙节共吸引游客400多万人，实现旅游收入10多亿元。"百龙舞宾州"着重挖掘炮龙节传统民俗文化内涵，扩大活动规模，丰富活动内容，展现宾阳各族人民奋发开拓、团结进取的时代风貌。活动内容涵盖舞炮龙比赛、文艺晚会、民间文艺游行、美食一条街等。

每年炮龙节期间，八方来客集聚宾阳，感受宾阳人民和宾阳炮龙的热情。宾州古城家家户户贴上炮龙联，廊檐下挂起一排排红灯笼，处处洋溢着浓浓的年味和节日气氛，古香古色的建筑和街景充满生活气息，令人流连忘返。灯酒宴变为百家宴，宾客们和当地居民同坐一桌，共话家常，共同品尝宾阳特色美食。美食一条街为宾客们献上了白斩狗、白斩鹅、白斩鸡等宾阳白斩系列美食。此外，酸粉、焖狗爪、甘棠扣肉、邹圩鱼、盐糕等几十种宾阳美食令宾客们直呼过瘾。游客们对炮龙衍生工艺品、竹编工艺品（谷箩、竹扇、花篮、圆顶帽、六角帽、竹鸭、竹鸡等）、壮锦工艺品、大罗毛笔、陶瓷等"宾阳制造"爱不释手，纷纷购入囊中。

海内外游客被宾阳炮龙节的东方文化色彩、激烈狂欢的盛大场面所震撼。2011年5月，在人民网主办的第二届中国节庆创新论坛暨中国品牌节会颁奖盛典上，宾阳炮龙节被评为"中国最佳非物质文化遗产节庆"。

宾阳炮龙节使文化和旅游得到了有效融合，其依托丰富

宾阳竹编工艺品——竹鸭、竹鸡

宾阳竹编工艺品——竹帽

宾阳竹编工艺品——竹扇

多彩的民俗文化资源培育炮龙节旅游产品，将炮龙民俗、炮龙符号、炮龙故事融入整个节庆活动中，提升旅游品位，让人们在旅游中感悟宾阳炮龙民俗之美、文化之美、故事之美，享受独具魅力的炮龙文化旅游体验。在新时代，宾阳将顺应潮流，整合优秀民族文化资源，开发具有宾阳炮龙特色的文化服务产品，推动宾阳炮龙节与文化旅游融合发展，并推出宾阳炮龙主题旅游线路、宾阳炮龙研学旅游产品等；同时将宾州镇建设为宾阳炮龙非遗小镇，带动乡村振兴，不断满足各族人民对美好生活的新期待，增强民族文化自信，凝聚团结进取、奋发拼搏的精神力量。

炮龙节的文化底蕴

南方稻作文化的记忆

宾阳县地处环大明山地区，古属百越之地，骆越族群在这里刀耕火种，繁衍生息，安居乐业。早在石器时代，壮族先祖就已经将野生稻驯化为人工栽培稻，开始原始的稻作耕种，壮族也因此成为最早培育和种植水稻的民族之一。炮龙节是宾阳世居民族壮族及其他各族人民在长期的稻作生产、生活中，在各民族的友好交往互动中，逐渐发展形成的民间民俗活动，集中体现了宾阳各族群众的信仰、思想、智慧和创造。可以说，炮龙文化既蕴含着深厚的龙图腾崇拜，也承载着南方稻作文化的历史基因和原始记忆。

宾阳炮龙节是环大明山龙母文化、壮族三月三文化的活态传承。大明山是广西中部弧形山脉西翼的一组大山，中心地理位置处于南宁市武鸣区，横跨宾阳、上林、马山等县（区），这些县（区）在地缘结构、文化习俗、经济结构等方面具有相似性，学术界及官方将这一联片区域文化称为环大明山文化。

环大明山地区四季分明，雨量充沛，气候湿润，世居于此的各族人民以稻作农耕为主。长期以来，环大明山文化形成了鲜明的地域特色，龙母文化是其重要组成部分。环大明山地区独特的地理环境和龙母文化的相互交织，不仅为宾阳炮龙文化提供孕育土壤与生长环境，也彰显了宾阳炮龙文化古朴、包容的民族气质。

《武缘县图经》记载："龙母庙，县境乡村多有之，祀秦女龙母温夫人。"武缘县即今南宁市武鸣区，这说明在环大明山地区，龙母崇拜源远流长。龙母文化遗存丰富多元。20世纪80年代，武鸣马头镇元龙坡、安等秧等古墓群及古遗址被发现及发掘，一批西周时期的船形墓、蛇形玉雕饰及明朝时期蛇图腾石雕像等以蛇为装饰的文物、遗存相继出土，说明远在西周时代，蛇已成为骆越先民的图腾崇拜。大量的考古和研究表明，环大明山地区是骆越文化的发祥地。

大明山水系发达，发源于大明山的主要河流有清水河、东江等30多条，汇入浔江、右江、邕江、郁江等，是珠江——西江的重要源头，也是宾阳、武鸣、上林、马山等县（区）稻作生产和生活用水的主要水源区。大明山独特的自然条件，丰富的自然资源及众多的溪流成为骆越先民生存的必备条件，这在为他们带来稻作丰收的同时，也激发了他们丰富的想象力。在稻作生产实践中，出于对雨水的强烈需求及对洪水等自然灾害的惧怕，人们迫切需要寻求可以掌控"水事"的神灵来护佑，以求得本族群的安定发展和繁衍壮大。在想象中，龙被人们认定为无所不能的"水神"。人们希望能够通过祈求呼风唤雨的龙带来风调雨顺、五谷丰登。骆越先民将随处可见的蛇当成龙的化身，由此产生了对蛇的崇拜，形成了蛇图腾文化。而蛇崇拜的产生，是与龙母崇拜密切相关的。

关于龙母的民间传说，在珠江—西江流域有多个版本。其中，环大明山地区的"特掘扫墓"故事最具有骆越族群的生活印记、文化气质和历史底蕴，故事中的地名、人名都是壮语词组，由此在流传过程中较为完整地保留了原生态面貌。

其故事梗概如下：

有个"娅迈"（意为老寡妇）在挖野菜回来的路上捡到一条小蛇并带回家养。小蛇越长越大，娅迈的茅棚装不下它了，只能砍掉它的尾巴，并给它起名"特掘"（意为"断尾蛇"），人们就把娅迈叫作"乜掘"（意为"特掘母亲"）。特掘越吃越多，乜掘实在难以继续抚养它，就把它送到河里谋生。后来，乜掘病死了，村里人要为她办丧事，突然看见一条金光闪闪的巨龙昂头摆尾凌空而下，把乜掘棺木卷到大明山安葬了。之后，每年农历三月初三，特掘都上大明山为乜掘扫墓。

在传说故事中，特掘具有独立的人格精神和魅力，它身上具有感恩图报、葬母行孝的优秀品德；龙母娅迈善良仁爱、惠泽天下的形象则深入人心，其恩德感化众生。二者的精神品格浸润在世代壮族人的思想中，形成了具有鲜明特色的壮族蛇图腾崇拜和龙母文化。环大明山地区龙母文化和稻作文明反映了稻作民族对水的认知及对水的依赖、利用。龙母文化延续了骆越族群稻作文化的古老基因，是骆越先民对人与自然、人与社会的认识和反映。蕴藏着古骆越文化基因的龙母文化历经千年洗礼而越发瑰丽，逐渐演变成环大明山地区壮族族群共同的民族记忆，进而增强了壮族族群的认同感和凝聚力。

龙母传说以环大明山地区为中心传播源，沿着珠江—西江流域广泛传播，影响泛珠三角区域甚至东南亚地区（比如越南人自称龙仙子孙，也是在农历三月初三扫墓、祭祖）。当它沿江流传到另一地后，当地的人们就会结合地方语言、地理环境、自然风物、民风民俗、生产方式、文化传统等因素，对传说加以吸收、融合并衍生出新的变异版本，呈现出沿水路向周边辐射的流播形态。很多变异版本还延续了古壮语对"特掘"的叫法，将故事中的蛇称为"掘尾龙"，并催生出一系列与龙母崇拜相关的传统民俗节庆，体现了文化的传播规律。直至今天，龙母文化依然在环大明山地区、泛珠三角区域、东南亚地区中活态传承。人们不忘龙母恩泽，每年都自发祭祀龙母，祈求风调雨顺、五谷丰登、国泰民安。在某种程度上，当下的大明山龙母文化获得了新的发展，它所体现的人与人之间、民族之间、国家之间亲近、和谐的理念，对于增进中国与东盟国家之间的民心相通、民间相亲，以及推动"一带一路"建设和构建人类命运共同体的作用不言而喻。

　　"三月三，龙拜山"，这是流传于环大明山地区的古歌谣。农历三月初三是壮族人的清明节，传说是特掘回来给龙母扫墓的日子。每到这时，环大明山地区都会伴有大风大雨，提醒人们趁春雨湿润、春泥松软，及时春耕春种，以迎来粮米满仓，因而"三月三"同时也是壮族的春耕节、歌圩节、龙母节、春游节等。在新时代，"三月三"不再是壮族单一民族的节日，而是广西各族人民共同欢度的节日庆典。壮族是典型的稻作民族，其一年四季的民俗传统节日基本上源于本民

农历三月初三，环大明山地区民众自发举行龙母祭、山歌对唱等活动

族的农事安排或信仰活动，并在岁时节令的基础上形成、发展。"三月三"正是壮族先民基于农事安排、龙母信仰、歌唱习俗等形成的节日，是壮族先民依据节令开展的春祈秋报活动，展现了天人合一、和谐相生的文化面貌，反映了先民们特有的时间观、价值观、宇宙观和丰富的社会实践。

在环大明山地区的上林县，也流传着特掘和龙母的传说故事。当地壮族群众每年农历三月初三都会举办"上林壮族三月三龙母节"，上林县境内及宾阳县等周边各族群众会自发到位于上林县塘红乡石门村的龙母庙拜谒龙母和特掘，参加打陀螺、赛山歌、斗鸡、"上刀山下火海"等传统民间活动，节日期间还会举办"九龙祭母"游行，热闹非凡。

环大明山地区龙母文化源于骆越民族的图腾崇拜，是骆越文化的重要代表。古骆越人对龙母、特掘的崇拜，根源于水稻种植，以及以稻米为主食的饮食习惯等，反映了古代壮族社会的宗教信仰、妇女地位、历史文化等。龙母的母仪龙德、特掘的知恩图报构成了龙母文化的核心。从远古到现代，龙母文化精神渗透在壮族及其周边民族的生产生活中，其强烈的道德感化作用，使得一代代壮族民众在思想、品行上获得熏陶和提升，在龙母文化的薪火相传中携手共建和谐社会。

宾阳人在与环大明山地区及周边各族人民的交流交往中，借鉴和汲取了各族人民的文化艺术精华，形成了独具特色、内涵丰富的舞炮龙民俗文化传统。可以说，宾阳炮龙节是龙母文化的一种活态传承，其以民俗文化叙事的方式，再现了南方稻作族群生产、生活、地理、民俗、风物、文化、历史、艺术、经济等的场景和发展脉络。

"九龙祭母"游行

在宾阳县的周边及其邻近省份，还流行有壮族芭蕉香火龙舞、隆安稻草龙、瑶族舞香龙、侗族舞草龙、仫佬族草龙舞等诸多具有地域特征及民族色彩的舞龙习俗。这些舞龙习俗共同记录并展现了壮族、瑶族、侗族、仫佬族等广西世居民族的龙文化记忆和符号，绘就了底蕴深厚、源远流长的南方稻作文化民俗画卷。

　　芭蕉香火龙舞、隆安稻草龙都来源于壮族。壮族文化之所以多姿多彩，在于其广阔的分布范围。壮族是中国人口最多的少数民族，由古代百越的一支发展而来，语言属汉藏语系侗台语族壮傣语支，地域分布广泛，遍布于广西、广东、云南、贵州、湖南等多个省（区）。广西是壮族的主要聚居区，其中南宁市、崇左市、百色市、河池市、柳州市、来宾市、贵港市等地市的壮族人口最为密集，地理上连成一片，有相当一部分壮族和汉族、瑶族、苗族、侗族、仫佬族、毛南族、水族、彝族等兄弟民族交错杂居，为壮族文化与其他民族文化的相互借鉴融合和传播发展提供了必要的社会基础。

　　长期以来，大部分壮族先民生活在珠江—西江流域一带，从事农耕稻作生产。西江水系河流众多，山脉连绵，地形地貌丰富多样，流域内石山、丘陵、河谷、盆地、平原等星罗棋布。壮族先民在其间生产劳作，认识到水稻生长需要丰沛的雨水、充足的阳光，促使他们更加亲近自然、崇拜自然，祈求人与自然的和谐。可见，壮族的地理环境、生产劳作、图腾信仰、风土人情、婚恋习俗等为舞龙习俗的产生和发展提供了肥沃的土壤。壮族先民热爱生命、重视繁衍、崇敬祖

隆安县壮族民众舞动稻草龙庆祝新年

先，通过舞龙求龙神保佑，以期获得绵延不绝的生命繁衍和粮食丰收，并通过节日庆典等仪式将舞龙习俗保护、传承下来。

壮族芭蕉香火龙舞属民间舞蹈，流传于南宁市青秀区长塘镇及周边的伶俐镇、南阳镇、刘圩镇等，于每年农历二月二土地诞、六月十九街庆日等节日起舞。该舞蹈源于当地"芭蕉龙"与"芭蕉街"的传说，距今已有300多年的历史。传说当地由于遭遇大旱，庄稼颗粒无收，人们受饥挨饿，苦不堪言。刚好长塘镇一带多产芭蕉，人们便以芭蕉、芭蕉根、芭蕉心等为主食，得以渡过难关。人们认为这是芭蕉龙在人间显灵救苦救难，就以高大的芭蕉为原材料扎成龙形举舞，以感谢芭蕉龙的恩泽。芭蕉龙一般为九节，寓意龙飞九天。以芭蕉根扎成龙头，以芭蕉叶扎制龙尾，每节龙身以竹子编织，以芭蕉绳捆扎串在一起，再饰以芭蕉叶、芭蕉壳等，龙身遍插香火，一条绿意盎然的芭蕉龙便制作好了。舞龙者以女性为主，皆以青绿色芭蕉叶为上衣、短裙、头巾，穿草鞋，舞动时与芭蕉龙相映成趣，融为一体。在这里，人们认为芭蕉龙保佑着一方水土人丁安泰、风调雨顺、五谷丰登。芭蕉香火龙折射出壮族先祖在稻作农耕的特定历史时期与芭蕉相依相生的生命印记，先祖们将芭蕉视为图腾，芭蕉即神龙的化身，带来吉祥和安定，反映了人们对南方特有作物——芭

青秀区长塘镇军山庙会上的壮族芭蕉香火龙舞

蕉的原始信仰崇拜。

隆安稻草龙流行于南宁市隆安县。隆安稻草龙起源于"那文化"，全身以稻草扎制而成，于每年春节、农历五月十三庙会、六月初六"祭稻神"等民俗活动中举舞，以祈祷神龙保"那"年年丰收。壮话称水田为"那"，它是人们重要的物质生活来源。壮族人赖"那"而食的饮食习惯及依"那"而居的居住习惯由此而起，并形成了独具特色的"那文化"。"那文化"，即土地文化，以及与此相关联的文化，是南方稻作文化的核心。在珠江—西江流域，广泛分布着含"那"的地名，其中最为密集的要数广西左右江、红水河、邕江流域。在"那文化"圈里，数南宁市隆安县的"那文化"最具特色、遗存最为丰富，全县有上百个乡镇和村屯以"那"命名，如那桐、那重、那元、那门、那朗、那湾、那营、那可、那娄、那瓜等。此外隆安壮族民间还有吃五色糯米饭、吃粽子、做蕉叶糍、添粮增寿、以米占卜、请师公赎谷魂、向龙母求雨等习俗，反映了源远流长的"那文化"习俗。在越南、泰国、老挝等东盟国家的部分地区，也有大量带有"那"字的地名，显示了鲜明的稻作农业文明历史印记，保留和体现了稻作农业文化的特征。

在壮族人的日常饮食中，可以说每一天乃至每一餐都离不开稻米，于是形成了一系列充满稻作色彩的饮食习俗。稻米在人们的生活中扮演着重要的角色，人们不仅将它作为日常生活的主食，还用稻米酿酒、包粽子、打糍粑、做沙糕、做粉利、做汤圆等，作为祭神的供品，以大米、糯米为原料

宾阳大粽

宾阳甘棠粉利

制作的食品亦成为传统岁时节庆中不可或缺的美食。在地理
环境、气候特征、社会环境和风俗习惯的相互影响下，壮族
人民创造的稻米饮食文化日益丰富。在舞龙习俗的传承、传
播中，也自然形成了以稻米为核心的饮食文化习俗，反映了
壮民族稻作文化的发展历程，生动体现了壮民族的活态文化
基因。

多元民族文化的融合

　　宾阳炮龙节向人们展现了南方稻作文化与其他民间艺术形式相互吸收、相互融合的历程，保留着炮龙文化形成的原生状态及壮族特有的思维方式。但炮龙节不是壮族单一民族的创造，在漫长的历史长河中，它凝聚了多民族的多元创造和智慧结晶，蕴含着深厚的民族情感和文化特性，以及人们在传承、传播过程中自然形成的智慧哲学和独特的民族审美趣味。

　　宾阳炮龙节的多民族特性来自县内的多民族成分。秦汉以来，北方及中原大批的汉人迁入宾阳境内，他们或是随军而来，或是经商而来，或是逃避战乱而来，他们的到来壮大了宾阳的汉族群体。元朝时，广东、福建、湖南等省份的汉人陆续迁入宾阳，安家落户，经商贸易。明清时期，宾阳的商业非常繁荣，广东、广西玉林及贵港等地的汉族商人纷纷到此经商谋生。汉人的迁入带来了先进的生产技术和汉族的文化理念，在很大程度上推动了宾阳手工业的发展，促进了宾阳的圩镇建设、商品生产和贸易往来。作为广西陆路交通枢纽，宾阳因平坦的地势和便利的交通为人熟知。20世纪50年代，湘桂铁路、黎湛铁路相继通车，接轨于宾阳县黎塘镇，对联通湘桂、桂粤、桂黔、黔粤等更为有利，促进了广西和邻近省份的商品流通和经贸发展。宾阳良好的地理环境和社会环境为人们的生存和发展提供了优越的条件。除了汉族，全国各地还有不同民族迁入宾阳，极大地丰富了宾阳的民族成分。长期以来，各兄弟民族以开放、包容的姿态友好相处，相互学习，发展生产，共同进步，多民族杂居形成了宾阳缤纷多彩的语言环境和社会文化。

根据 2021 年发布的宾阳县第七次全国人口普查主要数据公报，宾阳全县常住人口为 80.14 万，其中汉族为 64.86 万，占 80.94%；壮族为 14.75 万，占 18.41%；其他少数民族为0.52 万，占 0.65%。城镇人口为 36.28 万，占 45.27%；乡村人口为 43.86 万，占 54.73%。人口大镇为宾州镇和黎塘镇，宾州镇人口为 24.66 万，黎塘镇人口为 12.07 万。

通过数据可知，汉族和壮族是宾阳人口较多的民族。因而宾阳县内通行的语言也主要为汉语和壮语，其中汉语方言有宾阳话、新民话、西南官话、白话等。丰富多样的语言资源彰显了宾阳各民族群体形成和发展的历史印记，记录和呈现了各民族的社会生活状况、历史文化构成和社会文明程度。语言的分布和传承不仅承载着丰富的民族知识，也体现着文化多样性和宾阳各族人民世代相传的血脉和文化基因。

讲宾阳话的祖先最早是从北方及中原迁来的汉人。宾阳话也称客话、本地话，属桂南平话。在宾阳，有 80% 以上的人会说宾阳话，宾阳话已成为宾阳县内各族人民广泛使用的共同语言。讲新民话的祖先则由广东、福建等省迁来，由于他们比北方和中原的汉人来得晚，故得名"新民"，他们的语言就称为新民话。新民话属客家方言，与广东、福建的客家话相通。讲西南官话的祖先多是明朝时自长江流域一带随军南下到宾阳定居的汉族。西南官话也叫官话、宾州话等，流行于宾州、邹圩等乡镇，与桂柳话相比，音调较低平。白话即粤语，属粤方言，由广东及广西玉林、贵港等粤语方言片区的汉族传入，流行于宾州、黎塘等乡镇。宾阳壮话历史悠久，与南宁市上林县、邕宁区、横州市及贵港市等周边的壮话相通。宾阳壮族主要聚居在甘棠、露圩、古辣、和吉、洋桥、邹圩等乡镇。此外，在邹圩镇白山村、龙塘村等居住的瑶族同胞，通行瑶语。

宾阳几大族群在杂居的大环境中，其文化、习俗等相互借鉴，彼此交融，日渐形成和谐一致的风情习俗。

可以说，宾阳炮龙节是壮汉文化交流交融、互学互鉴的绝佳例证。汉族族群迁入宾阳后，也和当地壮族人一起过灯酒节，同时，由汉族族群带来的舞龙、游彩架等习俗也融入原本的节日中，为节日增添喜庆气氛。在互学互鉴中，节日中的舞龙也逐渐发展为舞炮龙，这正是壮汉文化交流交融的智慧结晶。从舞龙习俗的发源来看，其在汉代时就已在汉族群众中流行。舞龙也称玩龙灯，常出现在春节、二月二龙抬头、端午节、中秋节、庙会及各类民间庆典中，是人们庆祝丰收、祈求平安的传统民俗活动，现已传至东南亚、欧美等地，可以说，有华人的地方，就有舞龙的习俗在传承。

舞炮龙将舞龙习俗和鞭炮习俗巧妙结合起来，既含有鞭炮能驱除邪恶、驱逐瘟神的寓意，也利用了鞭炮烘托过年的喜庆气氛，舞龙时燃放鞭炮可以增加舞龙的雄伟气势和生动姿态，激发人们愉悦的情感。

中国民间燃放鞭炮的历史可以追溯到 2000 多年前。鞭炮又称爆竹、爆竿、炮仗等，在没有火药和纸张的年代，人们便用火烧竹子，即"爆竹"，发出"噼里啪啦"的炸响声，以将瘟神和邪祟统统驱除，表达了人们驱邪纳吉、祈求安泰的美好心愿。从古至今，燃放鞭炮最多的节日要数除夕夜。相传，古时每年除夕夜，年兽会出来人间作怪，食牲畜，害人命。每到除夕，人们纷纷逃往深山避难，苦不堪言。直到有一年除夕，有一位胡子白花花的老爷爷出现，告诉人们不必逃难，他有妙计可以制服年兽。人们将信将疑地按照老爷爷所说的去布置，家家户户在门上贴上大红纸，在家中点上灯烛，准备好鞭炮。是夜，年兽来到人间，看到家家户户红彤彤的一片，吓得浑身战栗。正想再往前，"噼里啪啦"的鞭炮声就炸响开来，年兽听到更是惊慌失措，狼狈地逃了。人们终于知道，原来年兽害怕红色、鞭炮和火光。从此以后，每年的除夕夜，人们都在门口贴对联、贴门神、贴福字，燃放鞭炮，家里灯火通明，年兽再也不敢来了。

时至今日，人们在节俗、庆典中燃放鞭炮不仅为了驱除邪恶，也有除旧迎新、庆贺盛典之意。据《荆楚岁时记》载："正月一日是三元之日也，《春秋》谓之端月。鸡鸣而起，先于庭前爆竹，以辟山臊恶鬼。"这里明确记载了古人在农历正月初一燃放爆竹以驱逐山臊恶鬼、迎接新年的节日习俗。

可以说，宾阳炮龙节就是汉族春节舞龙习俗与壮族吃灯酒习俗的综合体。炮龙节在发展过程中还吸收和借鉴了周边各民族的优秀民间文化艺术，不断丰富自身文化内涵和表现形式，最终体现出多民族文化融合的特征。

宾阳灯酒节起源于先秦时期，具有鲜明的古骆越文化印记，是宾阳的壮族先民世代传承下来的传统习俗，既是庆祝添丁之喜，也是为了祈求新的一年丁财两旺、风调雨顺、五谷丰登、国泰民安。由于龙神掌管水事，可决定人们未来一年里庄稼的收成、粮食的丰歉，而燃放鞭炮又可驱赶邪恶、祛除晦气，因而人们认为在灯酒节舞炮龙，是喜上加喜的事，不仅可以祈愿人丁兴旺，还可带来丰沛的雨水。也正是这样，灯酒节实现了人"神"共娱的社会功能，对人而言，在节日中同社坛成员可以共贺添丁之喜，欢聚一堂；对"神"而言，人们通过祭祀"土地神""龙神"等神灵，表达对神灵赐福的感恩之心。

除了宾阳，生活在环大明山地区的其他壮族人也过灯酒节。南宁市上林县巷贤镇一带壮族的灯酒节在农历正月十一这天举行，届时过去一年生男孩的户主要给村社献一只羊或一个猪头、两斤猪肉、一罐甜酒，以及粽子、米花糖、糕饼、水果等；生女孩的户主则献一只鸡，同属一个村社的各家各户共同筹集猪肉、鸡、鸭、粽子等物资到村社祭祀社神，新男丁、新女丁共同列入村社新丁名册，正式成为村社的一分子，获得社神的庇佑。祭祀仪式按照"三献礼"唱祝词仪式进行，包括行初献礼、行亚献礼、行三献礼。祭祀后"社头"将羊头、鸡腿等物退还户主，接着全村社男女老少聚餐分享祭品，表示与"神"同享食物，由此百病不侵、幸福安康。聚餐后，"社头"给新丁发红包，祝福新丁健康成长，聪明伶俐。第二天，新丁户举行"散羊头"仪式，邀请外公、外婆及兄弟姐妹等前来会餐庆贺，除了烹饪带回的羊头、羊肉，还有鸡肉、鸭肉等，菜肴丰盛，全家老少共同分享，其乐融融。

环大明山地区的灯酒节展现了壮族地区独特的稻作文化、岁时节令和壮族先民的生产生活，构成了重要的壮民族文化根脉和活态基因，对研究壮族古代社会的宗教、经济、政治、文化及风土人情具有重要价值，对促进环大明山文化旅游的发展亦具有巨大作用。

在岭南大文化圈中，宾阳炮龙节与各色灯酒文化相互碰撞、相互影响，凸显出鲜明的岭南地理色彩。

除了环大明山地区的灯酒节，在岭南还广泛流传着众多内涵相同、风情各异的灯酒习俗。岭南指五岭以南，大致包括广西、广东、海南三省（区）及香港、澳门两个特别行政区。岭南各族人民世代在岭南大文化圈中生产生活，同根同源，地域相连，习俗相近，文化相通，民心相亲，具有天然的地缘、亲缘关系。岭南多丘陵地带，田畴沃野，物产多样，往南的珠三角地区临河临海，河网密布，海洋文化极为丰富。因而海洋文化、山地文化成为岭南文化的重要组成部分。

灯酒习俗是庆贺添丁之喜，祈求人丁兴旺的节日、节俗。在广东，以佛山市顺德区"饮灯酒"、汕尾市"吃灯酒"等习俗最为著名。在广西，以梧州岑溪市的"上灯节"、贺州市富川瑶族自治县的"上灯炸龙节"、柳州市柳江区的"上灯节"最为盛大。这些灯酒习俗都在元宵节前后，反映了岭南地区民族文化的交融、共通之处。

在广西梧州岑溪市，上灯节非常盛行。岑溪市是粤语方言片区，粤语中"上"是"挂起"之意，"灯"通"丁"，"上灯"意即告知他人或祖宗自家已添男丁，延续香火，后继有人。上灯节分为上灯、暖灯、落灯三部分节俗内容，在农历正月初十至正月十六期间举行。

在岑溪，家中有男孩出生的人家，在第二年的正月初十，家里人要为其举行"上灯"仪式。正月初十那天，上年添男丁的人家将花灯悬挂于家中厅堂的栋梁之上，在村社的灯棚里也要悬挂一盏，向祖宗及社公祈求孩子平平安安长大。正月初十前出生还未满月的男孩，要到下一年的正月初十才挂灯，民间称为"上老灯"。这天，"上灯"的人家要请灯酒，邀请亲朋好友前来相聚，人们给新丁带来礼物，祝福新丁茁壮成长，平安健康，祝贺主家人丁繁衍兴旺，生生不息。

在广西贺州市富川瑶族自治县，每年农历正月初十到正月十五，是瑶乡群众一年一度的上灯炸龙节。上灯炸龙节以富川县城古明城老街为流传中心，在古明城已有600多年历史，城里明清古建筑及各式古街道密布，各色民风民俗丰富多彩。

上灯炸龙节内容有上灯、下灯、炸龙等，正月初十为上灯日，正月十五为下灯日。上灯日来临，当地过去一年有小孩出生的人家，都会到所在街道的"神楼"举行隆重的上灯祭祀仪式，表达添丁之喜，祈求祖先、神灵护佑孩子一生平安，健康成长。"神楼"也叫灯楼，一般一条街道有一处，是同一个街道的人们祭祀祖先、神灵的公共场所。

上灯期间，富川古明城老街上各处神楼花灯高挂，流光溢彩，一派热闹、喜庆气氛，吸引大批游客前来。传统的花灯已不能满足现代的年轻父母，因而灯市上各种各样的花灯也应运而生，莲花灯、鲤鱼灯、八角灯等各式花灯令人眼花缭乱、应接不暇。一盏盏花灯寄托着瑶乡群众对新生命的祝福和希望。

上灯结束后，炸龙就开始了。一般一条主街道就会有一支舞龙队，各街道舞龙队的龙分别以黄、白、紫三种颜色进行区分。舞龙队起舞前，先祭拜街道所属的神楼，接着鸣炮出游，一一祭拜古明城的其他神楼。祭拜完全部神楼后，所有舞龙队集中于古城中心表演炸龙。人们早已将一筐筐的鞭炮抬到现场等候。富川群众、周边县市的群众及外来游客将舞龙队围得水泄不通。人们纷纷点燃鞭炮往龙身上炸，十几条龙在炮声中翻腾、穿越，龙舞到哪里，鞭炮声就响到哪里，炮声越响，游龙越矫健，场面非常震撼。人们认为鞭炮炸得越多，日子就越红火，表达了瑶乡人民祈求丁财两旺、风调雨顺、兴旺发达的美好愿望。

富川上灯炸龙节集中反映了富川瑶族人民的信仰、民俗、历史、文化等，其在节日内容、节日时间、表现形式上与宾阳炮龙节具有异曲同工之妙。上灯炸龙节有上灯、炸龙，炮龙节有吃灯酒、舞炮龙，两者遥相呼应。

宾阳炮龙节、富川上灯炸龙节、岑溪上灯节、柳江上灯节等节俗展现了岭南大文化圈丰富多彩的灯酒文化，以及岭南各地习俗相互影响、互学互鉴的现实，体现了岭南各族人民共同的思想感情、民族气质。各地灯酒文化共同反映了人口对社会发展的重要性，表达了人们对幼小生命的珍爱和护佑之心，反映了人们对人丁繁衍的祈求，对祖先、神灵虔诚的感激之心，对民族兴旺、风调雨顺、国泰民安的美好祝愿。

　　在岭南大文化圈的影响下，宾阳炮龙节发展壮大，凝结了岭南各族人民的情义，具有独特的岭南人文地理色彩。在宾阳炮龙节中，伴随着岭南民间的友好往来，以及政治、经济、文化上的互动、借鉴，人们的文化认同感、亲近感得以提升，进一步促进了宾阳炮龙文化的传承与发展。宾阳炮龙文化是岭南文化的一部分，具有地方性、代表性，是广西南宁市全面对接粤港澳大湾区的纽带和载体。

珠江—西江流域文明的沉淀

　　珠江是西江、东江、北江的总称。西江是珠江流域最大干流，上源南盘江出云南省曲靖市乌蒙山余脉马雄山东麓后，经贵州、广西两省（区）后，直流至广东省佛山市三水区思贤滘，全长2000多千米。珠江—西江流域范围广阔，源自云贵高原，纵贯两广大部分地区，直通港澳，自古以来就被誉为连接西南和华南的"黄金水道"。

　　珠江—西江以水为纽带，将左右两岸的自然资源、人类族群紧密连接起来，形成一个不可分割的流域廊道。其间分布着宾阳平原、郁江平原、浔江平原、右江河谷平原、珠江三角洲等。这些地形由河流冲积而成，一般是两侧为山脉或丘陵，中间为河流，水流平缓，地势平坦，土地肥沃，利于发展农业。流域内各族群依靠着平原和河流定居，生产生活。河流与陆地的互联互通，为流域内的壮族、汉族、瑶族、苗族、侗族、仫佬族、毛南族等族群的交往互动、商贸来往、文化传播带来便利，在人、水、地的相互作用下，各族群逐渐形成了以珠江—西江为中心的民俗与节庆，呈现出流域文明的多样性和整体性。

由于流域各地段的河流、气候、地形、地貌、生物、人口等均有差异，流域内的民俗与节庆自形成起便历经着演化、传播、交融、发展与创新，具有流域的文化标识，在某种程度上，也顺从了一定的流域文化风向。由于珠江—西江流域的传播和流通功能，流域内的本土文化与外来文化的相互借鉴和交融变得更为频繁和顺畅，民俗与节庆文化获得更好的发展，其中舞龙、舞狮习俗最为盛行。舞龙、舞狮的流行与流域内各民族的民族心理、民族审美息息相关。人们认为龙是众兽之君，狮为众兽之尊，两者都外形威武，代表着祥瑞，象征勇敢、力量和尊贵，所以在喜庆节日里舞龙、舞狮以驱邪镇妖，祈求龙神、狮神保佑人丁安泰、兴旺吉利。因而珠江—西江流域范围内的民俗与节庆具有一定的文化共性，在每一个小的流域民族聚居区内，都流传着个性鲜明的龙狮文化。

对于宾阳炮龙节来说，其流域文明来源于清水河、狮螺江、南江、沙江、东斑江、陈平江、六丁江等属珠江—西江流域郁江、红水河两河系的众多河流。其中清水河是红水河的主要支流，狮螺江、南江、沙江于宾阳境内汇入清水河。清水河发源于上林县大明山水陈峰，流经上林县西燕镇、大丰镇、澄泰乡等，经宾阳县，进入来宾市兴宾区迁江镇汇入红水河。在广西境内，红水河流经百色市乐业县，河池市天峨县、南丹县、东兰县、大化瑶族自治县、都安瑶族自治县，南宁市马山县，来宾市忻城县、兴宾区、象州县等。东斑江、陈平江、六丁江则汇入南宁市横州市及邕宁区境内的郁江。

宾阳县清水河两岸

在流域内，文化的传播是多面的，可以顺着河流向上、向下，或是向左、向右。清水河是炮龙节民俗与节庆的承载体，通过河流的走向，人们可以认识生活在同一段河流的族群民俗、节庆风貌。同一段河流的多个文化单元形成了光辉灿烂的流域文明。

清水河与红水河的连接，促进了两端河流文明的相互沟通。炮龙节民俗与节庆在表现形式上，融合了红水河流域文化的粗犷、古朴气质，在文化内涵上，其稻作文化、图腾崇拜等的表达与红水河流域壮族族群的节庆表达都互相契合。因而，每年的炮龙节，红水河流域的民众都会踊跃参加，人们在交往交流中深入了解彼此，更加欣赏彼此的文化，增强了文化自信。

在珠江—西江流域内，除了河流与河流的联通带来人、地、水的交流，陆路与河流的联通也同样会带来人、地、水的交流。横州市与宾阳县交界，两地以郁江相连，以陆路沟通。横州市位于南宁市东部，郁江自西向东贯穿全境。郁江是西江最大支流，有北源和南源，北源右江发源于云南省广南县境内，流经广西百色市田阳区、田东县、平果市等；南源左江发源于越南境内，流经广西崇左市龙州县、崇左市区、扶绥县等。左、右江在广西南宁市邕宁区西部合江村汇合为郁江，南宁市区境内一段亦称"邕江"，为南宁市的母亲河。

横州市地势开阔，郁江两岸田畴沃野，茉莉花园四季飘香。因水陆交通便利，横州古镇曾是古代交通要道，粤、贵、滇、赣等各地商贾云集，络绎不绝，是珠江—西江流域商业极为繁华的一座古镇。秦汉起，中原文化及流域文明就随着河流、陆路传入横州市境内，促进了郁江两岸民俗与节庆文化的兴盛与发展。北宋词人秦观流放横州期间就为当地百姓兴办书院、为民办学，极力传播中原文化，受到壮乡人的敬仰和爱戴。

郁江在横州市境内流程长达 144.5 千米，流经六景镇、峦城镇、平朗镇、南乡镇、横州镇、那阳镇、百合镇等十多个乡镇。在郁江流经的乡镇，舞龙、舞狮习俗广泛流传，其龙狮文化和炮龙文化一样，具有鲜明的珠江—西江流域特征。本土文化与中原文化相互吸收、交融，流域文明之间频繁互动，人们认为狮子是瑞兽，舞狮可驱邪避害、镇宅旺宅。平马镇舞狮队、云表镇舞狮队、那阳镇舞狮队是当地知名的舞狮队伍，六景镇良圻街新春圩逢舞狮是当地知名的舞狮习俗。壮族三月三，被当地壮族誉为最盛大的"圩逢"。在 2018 年"壮族三月三·八桂嘉年华"中国横县云表首届伏波浴福节暨丝路桑田文化旅游月活动开幕式上，横州舞狮以精彩的演绎展现了郁江流域独具民俗色彩的舞狮文化，烘托了壮族三月三的热烈气氛。

顺着郁江而下进入浔江流域，贵港桂平市、梧州市藤县的龙狮文化也颇为闻名，及至珠江三角洲腹地的广东省佛山市醒狮，再到香港、澳门，河流带来的龙狮文化风向已然形成，龙狮文化单元连成一片。梧州市藤县舞狮技艺高超，狮子神态逼真，舞狮时将南派武功与杂技、体操、舞蹈等相融合，做出"狮子攀树""侧空翻下桩"等形态动作，气势雄浑，

左江、右江与邕江的交汇处俗称"三江口"

极受民众欢迎。

　　此外，舞狮活动广泛流传于新加坡、马来西亚、菲律宾、泰国、印度尼西亚等东盟国家的华人社区，当地华人组建有醒狮会、龙狮团等。舞狮成为华人传播中国民间传统表演艺术、弘扬中华民族精神的重要活动，有利于深化中国与东盟国家的情谊。

在同一流域内，宾阳炮龙节与其他族群优秀文化相互吸收、相互促进、相互融合，增强了珠江—西江流域文化吸引力和影响力，表现出更为多元的流域特征。在河流与陆路的互联互通下，宾阳将继续以更为开放、共享的姿态，与流域内各地在龙狮文化上创新合作，实现龙狮文化的优势互补，助推珠江—西江经济带发展、北部湾城市群建设等国家战略的实施，为珠江—西江流域的民俗、节庆、文化、生态、旅游等带来新的发展机遇。

炮龙节的乡土情怀

炮龙少年的成长

　　每一个炮龙少年都做过一个梦，梦中的自己就是一条炮龙，他们被赋予炮龙的铠甲及炮龙的勇气，在俗世中以炮龙点燃生命的激情，插上梦想的翅膀。每一个炮龙少年都是那么与众不同，但又是那么相似。与众不同的是他们开启炮龙世界的机缘不同，有的是家族传承，有的是师徒传承，而相同的是他们对炮龙的执着和热爱。他们从炮龙少年一路走来，到炮龙青年、炮龙师傅，始终不变的，是对炮龙的一片赤子深情，对炮龙文化日复一日、年复一年的守护。

　　每一个炮龙少年都有独一无二的炮龙故事。无论是龙队里的龙脚、火药手，还是扎龙师傅、彩架师傅，都是从懵懂的炮龙少年成长为今天的炮龙翘楚的。在宾阳县宾州镇，每个社区都有自己的龙队，很多人从少年时就一起舞炮龙，配合十分默契。舞龙是一项很消耗体力的运动，对身体素质要求很高，一般来说，身强力壮的中青年男子才会入选龙队，龙队里年纪最大的不过40多岁。因此，每一个龙队都很注重培养接班人，父传子，师传徒，老带新，舞炮龙的传承一直在延续。

　　相较于舞炮龙，扎龙技艺、彩架制作技艺等显得更为精

细、精巧，学艺时间更长。每一个扎龙师傅、彩架师傅都是
从少年时学起，经过多年的历练、蜕变，才成为今天的能工
巧匠。一个扎龙学徒要出师，没有别的捷径，只有日复一日
的勤勉和坚持。

　　无论是扎龙师傅邹玉特、彩架师傅周宏年，还是舞龙人
伍学规、"炮龙人"甘狄英，他们与父辈的炮龙故事，都已成
为一代代炮龙少年的榜样，鼓舞着他们立志筑梦，不负年华。

　　扎龙师傅邹玉特的故事告诉我们：追逐梦想，勇攀高峰。
邹玉特生于1954年，是宾阳县宾州镇三联社区人，编扎炮龙
已有50多年。2008年6月，经国务院批准，宾阳炮龙节列入

第二批国家级非物质文化遗产代表性项目名录。2009 年 6 月，邹玉特被认定为第二批自治区级非物质文化遗产代表性传承人。邹玉特出生于炮龙世家，祖孙三代都扎龙，邹氏炮龙以做工扎实、形态威猛、栩栩如生著称。

邹玉特从小就跟随在父亲邹永生身边，观看父亲扎龙、扎狮、扎灯彩等。和父亲一样，他也非常热爱扎龙等各种民间技艺，15 岁时他就跟着父亲边学边做。那时他还是新宾镇中学的一名学生，每天晚上就着一盏煤油灯，父亲扎龙头，他就在一边跟着学。慢慢地，他可以帮父亲的忙了，一条炮龙，父亲扎一边，他扎一边。在父亲的传帮带下，他踏踏实实地将炮龙的扎制技巧和每一道工序反复练习，直到熟能生巧。在他 22 岁那年，父亲由于年事已高，扎制一条完整的炮龙已力不从心。十里八村的父老乡亲都担心，邹氏的扎龙技

邹玉特和爱人陈秀君一起扎龙

艺会不会就这样失传了。那年的灯酒节如期而至，邹玉特独立扎了人生的第一条炮龙。这条炮龙亮相的时候，大家都兴奋地说，邹氏炮龙后继有人了。对邹玉特而言，这是他扎龙人生的最大荣耀。

1976年，邹玉特到邻镇邹圩镇长安村插队。由于离得近，他每天收工后都骑自行车回家扎龙。用他的话说就是"我喜欢做龙，我少一天不做龙都不得"。20世纪70年代的乡镇很少有别的娱乐，也正因为这样，他有更多的时间扎龙。结婚以后，他不再是一个人扎龙，而是和他的爱人陈秀君合作扎龙。陈秀君心灵手巧，她可以帮邹玉特准备材料、缝龙布、搓纱纸带、画龙、装龙等，她搓的纱纸带结实、牢固、耐用。有了她的助力，邹玉特扎制的炮龙更精巧了。

2009年，邹玉特制作的五米长精品龙在广西民族博物馆"五彩八桂"展厅展出并被该馆保存收藏。2014年他受该馆邀请前往"炮龙"展示区现场展示扎龙技艺，展示期两个月，受到来自全国各地观众的赞赏和喜爱。邹玉特很喜欢做手工艺活，他做出来的手工艺品都非常精巧。邹玉特也常常与彩架师傅周宏年及镇上的民间艺人合作扎彩架，曾荣获多项赛事大奖，其中"巨龙腾飞"在2006年"鼎龙杯"中国（吴川）飘色艺术大汇演中荣获金奖。凭借出众的炮龙编扎技艺和崇高的艺德，邹玉特被广西文联、广西民间文艺家协会、南宁市总工会、宾阳县总工会、宾阳县民间炮龙艺术协会等部门授予广西民间高级工艺师、广西纸扎民间工艺大师、南宁工匠、宾阳工匠等多个荣誉称号。

作为一名扎龙人，邹玉特热心参与各类炮龙宣传展示活动、交流活动及赛事活动，致力于推动宾阳炮龙文化的传承、传播与发展壮大，努力使宾阳炮龙文化扬名海内外。

1992年，邹玉特应邀前往海南省澄迈县收徒传艺，这是他首次走出广西展示宾阳炮龙，并传授扎龙技艺。2000年，邹玉特再次应邀前往海南参加民间文艺活动。这次他与广西宾阳县民间艺术代表团一道，为海南人民带去了9条金炮龙、银炮龙及其他彩龙，还有游彩架等的展演。舞炮龙和游彩架的独特风采赢得了海南人民的热烈欢迎和传颂。2014年邹玉特制作的"东方巨龙"与宾阳炮龙代表队一起赴台湾省台南市盐水区参加蜂炮节展演活动，备受关注，增进了两岸人民的文化交流。

近年来，宾阳炮龙节"百龙舞宾州"品牌影响力不断提升，每年都吸引几十万游客前来，极大地促进了宾阳县文化旅游的发展，提升了宾阳炮龙节的知名度和美誉度。在"百龙舞宾州"系列活动的带动下，炮龙节的规模日益壮大。以前，邹玉特每年只编扎10多条龙，而2008年之后每年要编扎30多条，而且往往供不应求。

在扎龙技艺的传承上，邹玉特也一直在努力。一是推动扎龙技艺进校园。2016年，邹玉特与宾阳县职业技术学校合作举办炮龙展示厅，创办两期扎龙培训班，共培养了68名学员。2019年，邹玉特在宾阳县思恩民族中学开设炮龙技艺兴趣班，激发本土青少年对炮龙的情感认同和兴趣。二是培养扎龙传人。多年来，邹玉特培养了李继得、谢向忠、覃得武等多名徒弟，从炮龙少年到出师，他们很好地传承和延续了邹氏炮龙的扎龙、画龙、装龙等手工技艺，制作的炮龙也陆续登上各类民间艺术活动的舞台，受到群众的喜爱。邹玉特常常带领学生们、徒弟们一起参加炮龙宣传展示活动，县内中小学校有炮龙宣传活动需要他时，他都踊跃参加。此外，邹玉特与广西电力职业技术学院等高职院校合作，推动宾阳炮龙节等优秀非物质文化遗产在高校中的传播、推广和普及。

2020年，"春天的旋律·2020"跨国春节晚会主办方与邹玉特合作，邀请他为南宁市青秀区半岛卓立小学制作3条小龙。节目中，孩子们舞动着憨态可掬的小龙，与古香古色的南宁市三街两巷相映衬，喜庆又可爱，充满年味的舞龙营造

邹玉特在教授画龙技艺

了美好、和谐的氛围。在活动当天，来自印尼、菲律宾、泰国等国家和中国澳门地区的孩子们共同分享南宁市本土年俗文化，结下深厚友谊，促进了中国与东盟各国青少年的友好往来，推动了中国与东盟国家传统文化的传播、交流、互鉴与合作。

邹玉特对扎龙技艺求新求变、精益求精。他扎的龙深受人们的喜爱，宾阳县、周边县市乃至全国各地都有人前来向他订龙，口碑越传越广。从龙鳞的创新，到龙眼的发光设计，他不断改良扎制炮龙的材料，打磨每一处细节，使龙的形象更生动逼真。2002年，邹玉特应邀为河池铜鼓山歌艺术节设

邹玉特在教授小手工艺龙扎制技艺

计一条长 25 米、宽 3 米、高 6 米的巨龙，当演员从巨龙嘴里走出来表演时，观众们惊叹不已，掌声如雷。邹玉特自己设计的迷你龙、小龙、小手工艺龙也极具特色。这两年受疫情影响没有举办炮龙节，他的大型炮龙做得少了，就开始制作小龙、小手工艺龙。小龙通常给中小学校的学生表演用。小手工艺龙颜色艳丽，吉祥喜庆，伸缩自如，小巧精致，可当作伴手礼，一个 10 元，极受小朋友欢迎。2022 年春节期间，邹玉特做的 300 个小手工艺龙被大家抢购一空。

由于名声在外，邹玉特常接受新闻媒体采访，在报纸、电视台、网络媒体等多种平台有不少报道，为宾阳炮龙节在海内外的传播与弘扬做出贡献。邹玉特最大的心愿就是毫无保留地把扎龙技艺传授给年轻一代，使扎龙技艺得到传承和弘扬，他希望有越来越多的炮龙少年勇敢追梦，让追梦的人生更加闪耀。

彩架师傅周宏年的故事告诉我们：博采众长，可成大器。游彩架为舞炮龙增光添彩，同时，舞炮龙也为游彩架注入生机活力。一个彩架少年的成长，必定是与炮龙同行的。

周宏年生于 1946 年，是宾阳县宾州镇三联社区人，制作彩架已有 30 多年。2008 年 11 月，经广西壮族自治区人民政府批准，游彩架列入第二批自治区级非物质文化遗产代表性项目名录。2009 年 3 月，周宏年被认定为第一批市级非物质文化遗产代表性传承人。

周宏年的父亲周礼是宾阳县的彩架老艺人，周宏年从小受父亲的影响，对彩架产生了浓厚兴趣。周礼年轻时因写得

周宏年（前排右一）设计的游彩架"神威炮龙"

一手好字，曾在黄埔军校（桂林）第六分校任文职，1944年桂林沦陷后回乡。回乡后曾在乡镇圆规厂、锁厂等工厂工作。周礼喜欢民间工艺，以出类拔萃的雕塑、美术技艺闻名乡里。周礼制作的民间工艺雕塑如观音、财神爷等形象逼真，受到乡亲们的喜爱。1958年，周礼被选派到人民大会堂广西厅参加雕塑、立体字等制作工作。1959年，周礼被选派到北京民族文化宫负责壮族元素的添加、民族氛围的营造等工作。由于工作完成得非常出色，他回来后进入广西工艺美术研究所工作。周礼深厚的雕塑、美术造诣在彩架制作上发挥了重要作用，他和好搭档谭嘉华两人合作制作的彩架深受群众喜爱。

周宏年5岁时，父亲把他打扮一番，装上彩架，扮演"兄妹开荒"中的兄长。站上彩架那一刻，周宏年很激动，因为终于实现了当彩架小演员的愿望，街道上的小孩们都羡慕极了。那天的彩架在新宾镇三联街、南街、仁爱街三条主街街道巡游，围观群众很多，纷纷为他们鼓掌叫好。第一次的游彩架经历给周宏年留下了难忘的记忆，他与彩架的缘分也随之开始。

在父亲的言传身教下，周宏年逐渐掌握了制作彩架的技艺要领，再加上在雕刻、绘画等领域有所建树，他进入宾阳县文化馆工作。周宏年在宾阳县文化馆工作时，每逢民间节日庆典或举办相关大型活动等，父亲都会接到彩架制作任务，他就主动回家协助父亲制作彩架。

1991年11月10日至17日，第四届全国少数民族传统体育运动会在广西南宁举办。组委会了解到宾阳游彩架阵容庞大且非常喜庆，又具有地方特色，便将宾阳游彩架列入开幕式。那一年3月，周宏年的父亲接到了制作8台彩架的任务，周宏年自然成了父亲的最佳助手，当时和他一起在文化馆工作的磨长永也来协助。在这次协助中，周宏年和磨长永的彩架制作技艺都有了质的飞跃，在周礼的传帮带下，他们两人成功出师。1991年10月，他们提前完成了8台彩架的制作任务。在那之前，宾阳游彩架还没有参加过全国性的大型活动，鲜少人知。因而在第四届全国少数民族传统体育运动会开幕式上，由"刘三姐""红铜鼓""布洛陀""莫一大王""石达开""五谷丰登""蛇郎""金花银花"组成的8台宾阳彩架一出场，立刻引起轰动。这8台彩架取材于广西的民间神话传说、历史人物等，展现了广西多姿多彩的民族文化，现场的中学生、大学生等观众群体见到游彩架，都感到非常惊奇和震撼。宾阳游彩架的美名很快传开，南宁市广大市民都表示很想现场观看宾阳游彩架。

在南宁市政府的安排下，第二天，宾阳游彩架、融水芦笙踩堂等民间艺术组成巡游队伍，在南宁市民族大道等街道上巡游两个多小时，街道两旁挤满了观众，欢呼声、鼓掌声响成一片。从那以后，宾阳游彩架从广西走向了全国。

彩架的最大特点是以小见大，以人物造型、道具的紧密呼应来反映某个故事。因此彩架的总设计者不仅要具有雕塑、美术方面的技艺，还要精通中国古典文学、戏剧、歌舞等文学艺术门类，才能在制作彩架时融会贯通。

制作一台彩架并非易事，需要总设计、铁工、木工、道具、服装、化妆等各部门的协调配合。其中总设计最为重要，要构思、决定彩架造型，并将彩架的平面图画出来，画好后要与各部门沟通彩架造型故事及内外构造等，各部门充分了解整体设计后才能开始制作。在彩架造型的设计中，设计者必须要对人物形象把握准确，要充分考虑人物与道具的关系，人物与人物之间要用道具相互连接起来，形成一个相互串联的整体。由于具备雕塑、美术、文学等素养及丰富的彩架制作实践经验，周宏年在彩架制作中都是担任总设计的角色。

随着时代的发展，彩架造型的表现内容也更加丰富多彩，有结合时代内容弘扬时代精神的，有进行科普宣传的，有宣传宾阳当地特色产业的，大都是群众喜闻乐见的内容。宾阳洇彩架之所以如此吸睛，在于"藏"的奥妙。小演员之所以能"腾云驾雾"，全在于支撑铁条的精心焊制。铁工根据设计师的平面图纸，按照小演员的人物造型、所执道具、所处方位及位置等用不同型号的铁条焊接好，使铁条的重心均衡分布。铁条焊好后，用人字梯将小演员送到坐架上，固定之后，再为其穿戴，将所有的铁条都隐藏在小演员的衣裤里。游彩架时，观众看不出、猜不透彩架的内部构造，故而百思不得其解。很多观众都想知道彩架到底是怎么做成的，但彩架的装台和卸台都要用幕布围起来，以保持这份神秘，这是祖祖辈辈留下来的传统。

在宾阳，彩架制作主要集中在宾州镇三联社区、南街社区、仁爱社区三个社区，每个社区有一至两个制作团队。在彩架的制作上，三个社区相互学习、借鉴，互相帮助。周宏年遇到技术上的难题时，就去请教南街社区或是仁爱社区的师傅。其他社区的师傅也会来和他取经，他都热心地解答大家的困惑，弘扬互帮互助的优良传统。

在周宏年的指导和帮助下，三联社区又走出了一支新的彩架传承队伍，李炳威是这支队伍的总设计。李炳威是宾阳游彩架传入者李若珠的旁系后代。据记载，宾阳游彩架于清代时由广东佛山武举人李若珠传入。在设计上，李炳威常常跟周宏年请教。周宏年倾囊相授，使李炳成在彩架的设计上逐渐形成自己的风格，随之组建起团队。近年来，李炳威的团队曾两次被邀请到台湾地区展演，提高了宾阳游彩架的知名度，加强了两岸的文化艺术互动与合作。

在彩架制作技艺上，周宏年不断探索与创新，成果颇丰。2006年，周宏年与扎龙师傅邹玉特及镇上的民间艺人合作彩架"巨龙腾飞"，荣获"鼎龙杯"中国（吴川）飘色艺术大汇演金奖。同年他设计的彩架"刘三姐""炮龙雄风"赴广东省广州市番禺区参加第八届中国民间文艺山花奖·中国首届民间飘色（抬阁）艺术展演，荣获十佳入围奖，其中"炮龙雄风"还赴台湾省台南市盐水区参加蜂炮节。2010年8月，周宏年设计的彩架"壮乡传情"参加上海世博会，将宾阳游彩架推向了世界。

2010年10月，周宏年随南宁市民间艺术团赴韩国果川市参加露天艺术节。周宏年为这次交流活动精心设计了宾阳游彩架"仙女散花"，表现仙女把祝福带到人间，寓意吉祥、喜庆，在造型上突显新鲜、惊险、耐看的特征。"仙女散花"一出场就惊艳了韩国民众，果川市市长对宾阳游彩架表达了热烈的喜爱之情，对游彩架高超的艺术技巧惊叹不已。宾阳游彩架赴韩国交流，推动了中国古典文化与民间艺术在韩国的传播和弘扬，增进了中韩民众的美好情谊。

多年来，周宏年耕耘不辍，以彩架为纽带，为宾阳民间文化艺术的保护传承与发扬光大做出独特的贡献。同时，他借鉴、汲取民间文化艺术的养分，挖掘创作素材，一次次为人们带来充满惊喜的彩架作品。一个彩架作品的诞生犹如一个生命的新生，这个过程中，舞炮龙给予了周宏年创作灵感和创作欲望，使他创作的彩架饱含生活气息、民间风采和地方特色，炮龙里承载着他成长的印记和故事。

舞龙人伍学规的故事告诉我们：付诸行动，必将到达。伍学规生于1949年，是宾阳县宾州镇同仁街人，舞炮龙已有57年。2008年6月，经国务院批准，宾阳炮龙节列入第二批国家级非物质文化遗产代表性项目名录。2009年6月，伍学规被认定为第二批自治区级非物质文化遗产代表性传承人。

伍学规舞炮龙的技法是家族传承的。清代时，伍氏先祖伍秀生从广东韶关来到宾阳谋生。之后，伍氏家族在宾阳开枝散叶，人丁兴旺。300多年来，伍氏家族的血脉已传承到第十六代。伍氏家族世代生活在同仁街，世代都舞炮龙。伍学规的祖父伍从善、父亲伍文侠一生都在舞炮龙。受到家族文化的熏陶，他也热衷于舞炮龙。

在伍学规三四岁的时候，母亲就背着他去看父亲舞炮龙。那时的灯酒节上，整个芦圩镇只有同仁街舞炮龙，而且只有一条炮龙。男女老少都怀着喜悦的心情到同仁街看舞炮龙。其他街道及芦圩周边县镇的各族群众听说同仁街有舞炮龙，早早就来此等候了。晚上七时一过，街道上的鞭炮声就此起彼伏，炮龙舞到哪里，人们就跟到哪里，整条街道被挤得水泄不通。长到七八岁，伍学规看父亲舞炮龙，就梦想着有一天能与父亲为伍，参与到其中。那时起，父亲开始教他一些简单的舞炮龙步法，他学得有滋有味。由于常年的耳濡目染和良好的身体协调性，16岁时，伍学规就掌握了舞炮龙的套路和技巧。

1957年后，舞炮龙活动一度中断了。1979年的农历正月初七，伍学规跟从小一起舞炮龙长大的几个伙伴提议，当年的灯酒节要让炮龙舞起来，伙伴们纷纷拍手赞成。可是离灯酒节只有四天的时间了，首要的事是赶制出一条炮龙。刚好伍氏宗祠旁常年生长着茂盛高大的牛筒竹，伍学规就近取材，马上就去砍竹子。他们要舞炮龙的消息很快就传遍了大街小巷，人们奔走相告，"今年同仁街又舞龙了！"街坊邻居都非常期待。新砍的竹子有水分，不利于编织，是不能用来扎龙的。街坊邻居主动捐钱、捐米、捐柴火，帮助他们克服困难。新砍的竹子很快就用柴火烘干了。伍学规和伙伴们拿着竹子去找街道的扎龙老艺人扎制炮龙。两位老艺人技艺娴熟，加上有伍学规和伙伴们的助力，只花了三天时间就扎制出一条栩栩如生的炮龙。农历正月十一晚上开始，他们的炮龙舞了三夜，舞遍了芦圩镇的每一条街道，人们跟着狂欢了三夜，回到了久违的节日气氛里。

伍学规在传授舞炮龙技法

    1981年后，舞炮龙在芦圩镇全面复兴了。自那以后，每年的灯酒节上，全镇11条街道都舞炮龙，每一条街道至少舞一条。2000年后，每年的农历正月十一，宾州镇周边的黎塘镇、邹圩镇、新桥镇等乡镇、社区、村屯及上林县等地也跟着舞起了炮龙。

    伍学规非常重视舞炮龙的家族传承。他把舞炮龙技法传给了儿子伍广昆和伍广鹏。出生于1985年的小儿子伍广鹏对炮龙十分钟情。他舞炮龙已有10多年，能舞龙头、龙身、龙尾各部位。伍广鹏还拜了扎龙老艺人胡国强为师，学习扎龙技艺。由于常年与炮龙为伴，了解炮龙的各部位结构，所以他上手很快，学习不久就能独自扎制一条炮龙。

    伍学规的孙子伍才荣从小就跟在祖父和父亲身边，非常喜欢舞炮龙。5岁时就央求父亲伍广鹏扎制一条小炮龙给他舞，

炮龙青年传人伍广鹏在画龙　　　　　　炮龙少年伍才荣参加展演活动

现在已掌握舞炮龙的基本步法和技术。在学校里他也学习舞炮龙，龙头舞得极好。每天放学一回到家，他就去拿父亲伍广鹏的龙头来舞。大人舞的龙头有三十多斤重，伍学规担心他体力不够，劝他先别拿这么重的龙头来练，他却屡次用实际行动证明了自己。

多年来，伍学规推动几十支街道龙队的组建，为培养一代代舞龙人做了贡献。他培养了甘狄英、廖国维、伍广昆、伍广鹏、蓝浩然等"炮龙人"，以及陈秋海、余家坚等一批青年舞龙者。

近年来，宾阳的女子也开始加入舞炮龙的行列。宾州镇现有两支女子龙队。一支由宾州镇文化体育和广播影视站组建，一支由宾阳县龙狮运动协会组建。伍学规的儿媳也是女

宾阳女子龙队参加旅游节展演活动

子龙队的一名队员。女子龙队常舞花样技巧龙，伍学规和甘狄英、廖国维等常教授女子龙队学习相应的步法、技法。花样技巧龙多用于表演、庆典，越来越受民众的喜爱。

伍学规因具有高超的舞龙技艺和较强的组织能力，每年炮龙节他都被群众推选为街道的舞龙组织者，负责舞龙队的培训和排练，召集扎龙人扎制形态美观、耐舞耐炸的炮龙。由他培训出来的舞龙队的出彩演绎受到来自本县群众及海内外游客的喜爱和赞赏。

多年来，伍学规作为"百龙舞宾州"比赛的领队，每年带领10多支街道龙队参加比赛，向海内外的观众展示宾阳炮龙的风采。在众多队伍中，同仁街龙队的实力、技术最强，他们的炮龙舞得精彩十足，经常荣获赛事的特等奖、一等奖等。

龙队每一年的队员都会有所更新，有老队员的退出，有新队员的加入。老队员退出一般是因为年龄过大。镇上的男孩子长到十二三岁时，通常都会报名参加龙队，通过老师傅们的面试后，才能加入队伍。刚进龙队的队员要先练胆量，先学习舞龙尾、龙身，经过两三年的历练和考验后，才能学习舞龙头。

　　在炮龙节上，舞一条炮龙一般需要 10 人以上，龙头 5-8 人（轮流舞），龙尾 1 人，引珠 1 人，财珠 1 人，抛火药 1 人，龙身的人数是根据节数而定的，如龙身为 5 节就需要 5 人。如果街道的户数大，所需的人也相应增多，如同仁街有 700 多户人家，龙队要舞完整条街道，需要配备几十人才行。

　　伍学规由于舞炮龙技艺高超，不仅获得了乡里乡亲的夸赞，还常被周边的河池市、崇左市等地邀请带龙队去参加庆典活动、节日展演，营造喜庆氛围。在表演过程中，他所带领的龙队在舞炮龙时展现出粗犷、雄浑的气势，十分吸睛。龙队回来后，还会有人专门前来学习舞龙技巧。可以说，经过伍学规等舞龙人的广泛宣传和推广，舞炮龙在民间获得了更加强盛的生命力。

　　舞炮龙发展到现在，其面貌也在不断变化。比如，与父辈们相比，龙脚们在舞龙着装上有了很大改观。父辈们舞炮龙时不戴龙帽，只穿一条短裤，既不安全，也不美观。由于人们每年都召开龙会，不断总结经验，同时集思广益，舞炮龙得到了发展、壮大。

　　伍学规认为，舞炮龙的最佳状态就是既具有观赏性，又能展现舞龙人勇敢拼搏、团结一心的精神面貌，让男女老少都喜爱观看。他常说："不能让炮龙在我们这代人这里断了。我要尽我所能，把炮龙文化发扬光大，世世代代传承下去。"

近年来，伍学规常参加宾阳县宾州镇文化体育和广播影视站的舞炮龙展演交流活动，每年20多场，与来自全国各地的旅游团队互动、交流，奉献多姿多彩的舞炮龙节目，助推政府相关部门的调研、考察工作等。他曾参加中央电视台对宾阳炮龙节的拍摄工作，为宾阳炮龙节的对外推介、传播做出重要贡献。

"炮龙人"甘狄英的故事告诉我们：创新领航，自有天地。甘狄英生于1980年，是宾阳县宾州镇中和街人，跟炮龙打交道已有30多年。甘狄英是宾州镇远近闻名的"炮龙人"，他不仅是扎龙人，也是舞龙人。他8岁时就开始学习舞炮龙、扎龙，其精湛的扎龙技艺和舞龙技能广受称赞，在舞龙队具有极强的号召力和影响力，现任宾阳县龙狮运动协会会长，为广西民间文艺家协会会员。2017年，甘狄英被宾阳县民间炮龙艺术协会授予"宾阳炮龙节传统炮龙制作传承人"称号和"宾阳炮龙舞龙技艺传承人"称号。

甘狄英在宾州镇中和街有一间扎龙作坊，里面堆满了制作炮龙的原材料，以及龙头、龙尾、龙爪、引珠等各式各样的炮龙部件。这间作坊狭小而具有年代感，甘氏祖辈都居住在这里。中和街曾是宾州镇的主要商业街道，新中国成立前是"棉纱行"，新中国成立后叫"红旗街"，几经易名，后定名为中和街。

甘狄英的扎龙手艺都是跟父亲学的。父亲甘友忠与炮龙的情缘始于 20 世纪 80 年代初期。那时舞炮龙在宾阳开始复兴，甘友忠加入中和街的舞炮龙队伍，以舞龙为乐、以舞龙为荣。舞炮龙的复兴令宾阳人民欢欣鼓舞，乐此不疲。那时每条街道只舞一条龙，往往要舞上一整夜，有时甚至是三夜。但是舞炮龙的一个关键前提是龙，没有龙，就谈不上舞。一开始甘友忠所在的舞龙队没有扎龙师傅，要舞龙只能去别的街道买龙。甘友忠非常热爱舞炮龙，他梦想着有一天能舞着自己扎的炮龙给父老乡亲闹灯酒。1986 年，甘友忠开始自学扎龙。那一年舞过的龙架没烧，他便带回家仿制，因为是竹

扫码看视频

甘狄英在扎龙

编手艺人出身，所以在仿制上没有太大困难。他在制作过程中还加入了自己的构思和创意，使得甘家的炮龙在当地颇有辨识度，自成风格。

甘狄英8岁的时候加入了街道上的舞龙小队，专舞小炮龙，春节时（一般是大年初一、大年初二）到街道上给各家各户拜年送祝福。在他舞龙的记忆中，第一次和小伙伴们舞小炮龙拜年是非常难忘的事情。舞小炮龙也是要发龙帖的，龙帖在年前就已经发到各家各户了，上面印着祝词和舞龙日期等字样。

大年初一一大早，甘狄英和小伙伴们舞着小炮龙给街坊邻居拜年。各家各户早早就把大门打开，准备好红包和鞭炮，在竹篮中、茶盘上盛满糖糕、糍粑、粽子等美食。小龙队一到，人们喜不胜收，在旁边燃放鞭炮助兴。在宾阳的春节传统里，新年第一天的龙舞得越热闹就越吉利。为了好好酬谢舞龙小队的孩子们，人们纷纷拿出美食来款待他们，给龙队发红包。一条街道有几十至上百户人家，小龙队就如同春的使者，将喜庆和祝福带到各家各户，同时，他们也收获了人们浓浓的新年祝福。后来，小龙队的每个人分到了几块钱的红包，这令甘狄英感到很开心。炮龙带给人们的幸福和快乐总是丰富多彩的。

年纪稍大一些，甘狄英开始协助父亲扎龙，从贴龙纸开始。一条龙的整体框架制作出来后，难免有些瑕疵，而过硬的贴龙纸手艺可以把瑕疵掩盖，使龙更美观、更威风。学会了贴龙纸，父亲又教他编龙头、龙尾，以及上色等技艺，一个炮龙少年该经受的磨炼甘狄英都经受了。17岁那年，甘狄英独自扎制了第一条炮龙，人们在灯酒节上风风光光地将其舞起来，炮龙少年的第一个梦想成真了。

甘狄英是一个比较全能的"炮龙人"。说到舞炮龙，他不仅每个部位都能舞，比如龙头、龙尾、龙身等，他还会抛火药。在舞炮龙时，抛火药的人是极为重要的。目前全宾阳县只有极少数人会抛火药。抛火药需要很多技巧，毕竟稍不小心就会误伤自己，也不容易学。

在炮龙的制作上甘狄英勇于改革和创新。在龙的整体外观上，他创新性地加入LED灯带，使得炮龙在夜幕下更加耀眼和独特，凸显龙的轮廓，而舞炮龙的人也仿佛身披神奇战袍，充满力量感。甘狄英在龙爪上也有独到的创新，他将龙爪的制作材料稻草改为泡沫条，并加入纱布，增强龙爪的拉力，在舞龙过程中，即使遭受磕碰，龙爪的缝隙也不容易裂开。在配色上，他一改传统的白、红、蓝主色调，更注重多元、多彩、鲜艳的配色，从而创造出一条条风格十足的炮龙。

甘狄英制作的龙卖到了全国各地，周边的南宁市上林县、马山县、武鸣区，河池市都安瑶族自治县及邻近的贵州省等地都有人来买，人们将其用于本地节日节庆的巡游、展演活动，或是用于大型活动开幕式等，增添热闹、吉祥、和美的气氛。因为各地的舞龙文化都不一样，人们来订龙时，甘狄英会充分了解当地舞龙的民风民俗和审美习惯，了解龙的形态特征后再去扎龙，扎龙时将创新元素和当地的文化元素相融合，所以他扎出来的龙获得人们的一致好评。

作为一名"80后"炮龙传承人，甘狄英的理念和思想具有先锋意识。2015年，他创立了宾阳县炮龙人民间工艺制作有限公司，为培养一批批龙狮舞者、扎龙人、手工艺者做贡献。现在甘狄英团队的炮龙以流水线的方式进行扎制，每次接到炮龙订单，甘狄英就召集团队队员一起完成。他负责扎制龙头，队员们则负责扎制龙身、龙尾及画龙、装龙等工序，一个星期就可以制作一条精品炮龙，大大提高了炮龙的扎制效率，一年可以扎制100多条炮龙。为了更好地保护炮龙制作工艺的知识产权，他积极注册"炮龙人"商标，申请发明专利、版权等。他的炮龙制作出来后，都会贴上"炮龙人"的商标，使之具有标志性和代表性。这两年甘狄英开通了抖音账号，直播扎龙过程，粉丝日渐增多。抖音账号的运营，不仅广泛传播、推介了宾阳炮龙，还提高了"炮龙人"的知名度和影响力，也为甘狄英带来了许多合作的业务。

　　2019年，甘狄英率先发起成立宾阳县龙狮运动协会，将县内的龙狮运动爱好者、工作者、支持者都组织起来。协会在推动宾阳炮龙的传承发展，促进宾阳与全国各地甚至东盟国家的龙狮文化交流合作做了许多重要工作。一是推动宾阳炮龙进校园、进社区、进基层等，在全社会广泛推广、普及宾阳炮龙优秀传统文化，与大众共享炮龙文化发展成果。二是促进宾阳炮龙"走出去"进行交流与合作。近年来，宾阳县龙狮运动协会与广西龙狮运动协会、藤县龙狮运动协会、恭城瑶族自治县龙狮运动协会、新加坡艺扬龙狮学院等全国各地及东盟国家的龙狮协会、学院及旅游发展公司等互通互联、相互学习。同时协会还到台湾省台南市盐水区、甘肃省张掖市高台县等地开展炮龙交流展演活动，拓宽宾阳炮龙"走出去"的渠道，推动宾阳炮龙与各地龙狮文化在传统技艺创新、扎制工艺升级、文创产品开发、文化品牌打造等方面的经验分享、互鉴与合作。三是积极编排、策划炮龙节目，参加地方展演、展示活动，提升宾阳炮龙的知名度和影响力。2021年，甘狄英与舞龙队积极配合广西广播电视台《书记县长当导游》栏目组的录制活动，在宾州镇炮龙老庙展示宾阳炮龙的风采。

2019年，甘狄英受邀到宾阳县职业技术学校开展民族工艺品的传承教学工作，推动炮龙扎制等传统手工技艺的传承。2021年，甘狄英与舞龙人廖国维走进宾阳县宾州镇中心学校、宾阳县思恩民族中学、宾阳县幼儿园开展宾阳传统舞炮龙、舞狮等的传承教学工作，这三个学校已被列为广西壮族自治区体育局"我为群众办实事"体育公益教学站点。在甘狄英所教的学生中，伍才荣是一名颇有天资的炮龙少年。他今年11岁，是宾阳县宾州镇中心学校四年级的一名小学生。由于出生于舞炮龙世家，从小他就看着爷爷伍学规、爸爸伍广鹏舞炮龙，学前班那年他舞上了小炮龙。伍才荣现在已经掌握了很多舞炮龙的技巧，特别是舞龙头，并在一些舞龙比赛中摘取奖项。他说舞炮龙令他充满力量，是一项弘扬民族精气神的体育运动。炮龙少年的成长，与家族传承、学校培养都分不开，家族传承可以使炮龙少年更早、更近地接触炮龙文化，萌发对炮龙的喜爱之情；学校培养则可以推动炮龙文在中小学校的传播和普及，增进青少年对家乡传统文化的认知和热爱，使其成为炮龙文化的小小传承人。

甘狄英与时代同行，为推进宾阳炮龙顺应时代发展做出不懈努力。他积极参加2021年广西舞龙舞狮裁判员和教练员培训班并结业，为规范宾阳炮龙运动技术、提高宾阳炮龙竞技水平、促进宾阳炮龙的良好传承与发展做好充分准备。

多年来，甘狄英在扎龙、舞龙上所取得的成就可谓硕果累累。在舞龙上曾荣获宾阳县炮龙节舞炮龙表演第一名、宾阳县炮龙节百龙舞宾州"龙腾宾州"炮龙表演一等奖、广西第十届狮王争霸赛高桩铜奖等多项荣誉。在扎龙上，甘狄英曾荣获宾阳县炮龙节百龙舞宾州炮龙表演比赛"最佳制作奖"、首届中国·丹寨非遗文创节非遗文创公益项目提名奖、2020

甘狄英在开展舞龙传承教学活动

甘狄英在教扎龙爱好者画龙

中国公益慈善项目大赛第二届非遗文创专题评选活动 500 强及"优秀作品奖"等奖项。2018 年，由甘狄英建立的宾阳县炮龙人龙狮团成为南宁市龙狮运动协会会员单位。2019 年，甘狄英的宾阳县炮龙人民间工艺制作有限公司被评为 2019 年度宾阳互联网 + 双创基地最具传承企业。

这一路走来，虽然经历过漫长的黑夜，但炮龙给了甘狄英光的指引和坚强的铠甲，带着他一步步走向了光明。炮龙少年长大了，实现了一个又一个炮龙梦想。

每一个炮龙少年的成长都离不开炮龙，他们从小就接触炮龙，以炮龙为伴，与炮龙为伍。非物质文化遗产的传承应该从小抓起，培根铸魂，才可发扬光大。近年来，宾阳县宾州镇中心学校、宾阳县思恩民族中学、宾阳县职业技术学校、宾阳县芦圩完全小学、宾阳县幼儿园、宾阳县宾州镇城中幼儿园等多所学校陆续开设了炮龙文化传习班，设计扎龙、舞龙等趣味性教学内容，使广大青少年从小获得炮龙文化的熏陶，激发他们热爱家乡传统文化的情感。其中宾阳县芦圩完全小学就设计了一套炮龙操，有打龙鼓、抓龙珠、钻龙肚、甩龙头等内容，既可强健体魄，又可促进炮龙文化在校园中的传播和普及。

宾州镇城中幼儿园举行小龙展演活动

扎龙技艺的承传

　　每一个扎龙师傅的扎制技艺都不尽相同，其技艺除了来自家族传承、师傅传授，还有个人独创的成分。一条炮龙的扎制有 30 多道大小工序，经过扎龙师傅手工的扎制和用心的创造，每一条炮龙都是独一无二的，彰显着传统造物之美。

　　扎制炮龙一般要经过采竹、起篾、扎制、装裱、画龙、贴龙鳞、缝龙布、装龙、挂红九大步骤，以麻竹（后统称牛筒竹）、纱纸、纱纸带、铁丝、铁线、面粉、淀粉、白矾、硅胶、油漆、颜料、金龙布、麻绳、杉木杆等为扎制材料，备齐篾刀、钳子、钢尺、卷尺、铁锤、油画笔、手锯、手钻、磨刀石、毛刷等工具。

　　采竹。要扎好一条炮龙，必须要有上好的牛筒竹。在宾阳乡镇的山野中，随处可见到一丛丛茂密的牛筒竹。牛筒竹竹节长，竹筒粗大，韧性好，是扎制炮龙的最佳材料。在扎龙师傅邹玉特的家中有一捆牛筒竹，他至今还不舍得用。这批牛筒竹是十年竹龄的老竹，坚硬、结实、弯度大，用处很广。用作扎龙的牛筒竹，都是越老越好，四五年竹龄以上的竹子才能用，太嫩则韧性、硬度不够。宾阳出口的竹编工艺品都是用这种竹子编织而成的。

　　起篾。砍好牛筒竹后，便要起篾。篾条有粗有细，有厚有薄，起好后晾干备用。

扎制。选取品质较好的篾条扎制龙头、龙尾、龙身、龙珠等。炮龙的整个骨架需要粗的篾条扎制，五官则用细的篾条。炮龙的扎制从龙头开始，龙头有龙眼、龙嘴、龙鼻、龙耳、龙舌等龙的五官，还有龙牙、龙腮、龙珠、龙角、龙须等。在扎制之前，扎龙师傅必须把龙的长度、大小及各部位的比例都想得清清楚楚，扎制之时才可胸有成竹。龙头的比例最为重要，因为龙头决定一条炮龙的气势是否高昂雄伟。一般来说，龙的上颚要比下颚长 15 厘米，龙头的形态才显得威猛。

龙头的框架扎制好后，要用纱纸带将各部位关节绑紧固定。

宾阳县老年人在编织竹制工艺品

宾阳县年轻人在编织竹制工艺品

纱纸带以纱纸为材料，用手搓制，搓得越结实，绑得越牢固。因纱纸具有柔韧性和拉力，舞龙时可确保龙架的稳固，不易散架。

相比龙头，龙身的扎制简单一些。龙身由多个竹篓构成，竹篓的个数由龙身的节数而定，如龙身有 7 节，则需要扎制 7 个竹篓，每个竹篓以一根杉木杆（龙杆）支撑起来，竹篓和杉木杆需用铁丝固定好。龙尾则要扎成鲤鱼尾的形状，以显示龙尾的灵巧，摆动自如。

扎龙的每一步都必须细致入微，还要耐心十足，这样才能扎制出形态惟妙惟肖的炮龙。

装裱。龙头、龙尾、龙爪、龙舌、龙珠、龙杆等部位扎制完成后，要用纱纸层层装裱，其中又以龙头的装裱最为精细。纱纸要一层一层地糊在龙头上，一共要糊六至七层，糊完一层晾干后再糊第二层，如此层层糊好后晾干，晾干后用手拍打时若发出"嘭嘭"的响声，则表明其很结实。糊纱纸的材料也要特制才有好的效果。以面粉、淀粉为主料，加少许白矾一起熬煮，煮好之后，即变成特制的糯糊，可久放不出水，糊在纱纸上，水分吸收快，纱纸也干得快。

纱纸一般都是选用河池市都安瑶族自治县古法生产的纱纸。都安纱纸以龙须草为原材料，用于造纸的水来自当地地下河水，含有丰富的微量矿物质。独特的用料和独到的造纸手工技艺相结合，造就了都安纱纸的高品质和珍稀性。都安纱纸以纸质洁白、墨韵清晰、能防蛀虫、不易泛黄、拉力强韧、耐久经用著称，吸水吸湿性强，透气性好，富有弹性，成了制作炮龙的关键材料之一。

画龙。画龙即描画龙头、龙尾、龙珠、龙爪等。画龙前需要先调好色盘。色盘以油漆为原料，分别调出红、黄、绿、白、黑等颜料，色盘调好后添加些许天那水进去，更容易上色。

在炮龙的传统工艺中，人们曾用植物颜料给炮龙上色，但植物颜料色调单一，还容易掉色，于是扎龙师傅们便改用油漆来上色。油漆光泽度高，不怕雨水浸泡，不易掉色，具有阻燃性、抗腐蚀性。扎龙师傅一般都具有丰富的绘画、配色经验。经过一番描画、打扮之后，一条色泽鲜艳饱满、形态逼真、神采飞扬的炮龙就慢慢成形了。

贴龙鳞。龙鳞主要贴在龙头、龙尾处，一条炮龙需要贴两三千片龙鳞。龙头、龙尾描画好后，就以硅胶将龙鳞粘贴上去。龙鳞既有购买的，也有手工剪裁的。有些扎龙师傅为

邹玉特家中扎制成形的炮龙头

了追求美观、逼真，也常到市场上购买类似龙鳞片的亮片用于装饰。

缝龙布。龙布是用来装饰龙身的。到市场上买来金龙布，买回来后先将龙鳞印上去，印好后根据龙身尺寸进行剪裁，用缝纫机将其裁成形。龙肚部位饰以披风，可增强龙舞动时的美感。

装龙。把龙头、龙身、龙尾用麻绳串起来，盖上龙布，将龙身各部位调整流畅，使炮龙完整、结实、丰满。

挂红。装好龙后，每个龙角要挂上一朵大红花。大红花可用红绸布自行制作，也可以另外购置。按照买龙习俗，由买方买来挂上去，寓意龙角挂红，大吉大利。

经过挂红，一条炮龙的制作就全部完成了。扎龙技艺的珍贵在于它的所有工序都不能机械化，每一步都经过手和心的配合，展现传统造物之美，赋予炮龙以生命。扎龙人通过造物获得快乐，从而传递更多的美的思想，创造一个五光十色的炮龙世界。

精彩绝伦的扎龙技艺凝聚着宾阳各族人民的自豪感和认同感，展现着民族文化多样性与人类富有创造力的传统文化精华。扎龙技艺在新时代的传承、传播，有效促进了广西地方优秀传统文化创造性转化和创新性发展。

炮龙圩镇的发展

　　宾阳炮龙节在宾阳县境内的分布以宾州镇为中心，再由宾州镇向黎塘镇、新桥镇、邹圩镇等周边乡镇辐射。各乡镇在地理、物产、文化、历史、民俗上各有所长，对促进圩镇与炮龙节的共生共融起到独特作用。

　　宾州镇是一座历史悠久的古城，宋朝时建，距今已上千年。宾州镇为宾阳县人民政府驻地，是宾阳县政治、经济、文化的中心。其不仅是宾阳炮龙节、游彩架、壮锦、八音等非物质文化遗产的中心流传地，还具有丰富多样的圩镇建筑、商贸文化、人文历史、民族节庆等。宾阳炮龙节植根于宾州圩镇建筑文化，融入圩镇群众的生产生活中。

　　宾州镇内明清古建筑、人文景观比比皆是。其中思恩府试院是清代科举选士进行院试的场所，遗址在宾阳县思恩民族中学内，于2000年被列为广西壮族自治区文物保护单位。思恩府试院原为右江道行署改建，清雍正年间宾阳属思恩府，因此得名"思恩府试院"，为砖木结构，具有传统中式建筑风格特色。后又历经重建、多次修补，是广西保存较为完整的科试院。思恩府试院为社会选拔了大批优秀人才，促进了广西社会及教育的长足发展，同时使为官从政者人文素质获得

极大提升，视野更为开阔。随着汉字、汉语在民间的普及，社会各阶层的交流与互动更为频繁，社会进步明显，社会稳定得到维护，增进了各民族的团结与融合。

　　在宾州镇周边的古辣镇，坐落着始建于明代正德年间的蔡氏古宅。蔡氏古宅占地70多亩，具有岭南民居古建筑风格。蔡氏家族以书香世家闻名于世，明朝中叶起建立蔡氏书院，以儒家思想教育后代。在书香门第的陶冶和先辈的榜样作用下，蔡氏子弟恪守家训，发奋读书，先后有8名子弟考上中央官学（国子监）成为太学生。王阳明在古宾州驻节时，曾

建筑风格颇具岭南特色的蔡氏古宅

创办"敷文书院",传播心学。王阳明是明代著名哲学家、教育家、思想家、文学家、政治家、军事家,其学说凝聚了"心即理""致良知""知行合一"等中国传统文化精髓,跟学者众。这些历史都成了宾阳文化教育兴盛的见证。

在历史的积淀下,宾阳人民日益形成开放、平等、进取、向上的精神气质,重视教育、读书尚文、尊师重道的良好风气日渐形成。宾阳民众文化水平的提高,为炮龙节的普及和传承创造了良好的社会环境,同时也让宾阳传统技艺、民风民俗、民族服饰、风味美食、传统建筑等民族优势资源得到了有效整合与利用。其中竹编、壮锦等传统手工技艺,舞彩凤、舞仙马等传统民俗,甘棠扣肉与粉利、宾阳酸粉与灰水糍粑等风味美食,都得到了推广和发展,与宾阳炮龙节活动内容融为一体。

宾州镇三联街、中和街等街道古建筑展现了鲜明的岭南骑楼特色,见证了古宾州繁华的商贸日常。骑楼为临街商住两用建筑，既具有住宅功能，又具有商业功能，是岭南文化的表征。骑楼广泛分布于广西、广东、福建等中国沿海地区，以及南亚、东南亚等地。在广西，北海市老街、梧州市骑楼城都是极具代表性的骑楼地标。宾阳县宾州镇三联街、中和街骑楼为传统砖木结构，一般为两层楼，也有三四层楼的。其主要特色表现在沿街部分的建筑形态，一楼沿街面后退两至三米，留出人行走廊，以立柱支撑，二楼则用于居住，立

宾阳炮龙队在蔡氏古宅展演

宾阳甘棠扣肉　　　　　　　　　宾阳酸粉

面形态上建筑"骑跨"人行道，因而得名骑楼。整条街道连廊连柱，连续完整，外立面统一。一楼内设商铺，经营百货、日杂、餐馆、小吃店或是小作坊等。有了骑楼，商家经营商铺不怕风吹雨打，不畏炎日照射，人们逛街购物也能找个歇脚的地方。骑楼生活气息浓厚，除了用于开展商业活动，还是大人纳凉、喝茶话家常，小孩做作业、玩游戏的场所，拉近了街坊邻里的关系。

　　宾州镇骑楼建筑街道长且直，便于炮龙队伍的行进和舞动。同时，骑楼长长的人行走廊也为观众提供了观赏炮龙的场所。可见，骑楼街道更好地营造了炮龙节激烈、狂热的氛围，便于展现炮龙的雄伟风姿。商贸文化的繁盛发展使人们求财、求吉、求安的愿望更为强烈，在这种社会心理的驱动下，宾阳炮龙节获得了传承的内生动力。

宾阳炮龙节为黎塘圩镇地方物产风光代言。黎塘镇地处冲积平原地带，地势平坦开阔，气候温和，雨量充沛，有利于农业生产。自古以来，黎塘镇就是宾阳县的农业重镇，物产丰富，盛产甘蔗、莲藕、水稻、玉米等。黎塘的莲藕、甘蔗等是炮龙节上的重要角色，不仅在灯酒宴、美食街上出现，还在游彩架中出现。来自海内外的游客在参与活动的过程中，会被炮龙节上的黎塘圩镇地方物产所吸引，从而使黎塘圩镇地方物产获得宣传和推广。

　　黎塘镇素有"莲藕之乡"的美名，具有广西规模最大的莲藕生产基地，其全国首创的"稻藕套种"栽培技术曾得到

黎塘莲藕

"中国杂交水稻之父"袁隆平的高度认可和评价。黎塘莲藕藕身适中，色泽光洁，肉质肥厚，生食脆甜，煲汤粉香。常吃莲藕可开胃健脾，藕全身都可入药，其根、叶具有滋补功效，莲藕粉可消食、开胃、清热。2015 年，黎塘莲藕被列为国家地理标志产品。

黎塘莲藕种植已有千年历史。宋仁宗嘉祐六年（1061 年），陶弼任宾州知州，其人颇有文辞，喜欢赋诗吟对。其中《阅武堂》《芙蓉亭》两首提及宾州的莲藕。"安城太守深边计，菡萏花开阅水兵"即出自《阅武堂》。"安城"即"安城县"，为宋时宾州辖县，其地域范围在今天的宾阳县黎塘镇一带。在宾阳，莲藕是百姓餐桌上常见的菜肴，红白喜事、传统佳节、宴请宾朋，都少不了黎塘莲藕，炖汤、清炒、凉拌或是烹制莲藕夹、莲藕酿，烹饪方式五花八门。不管是什么方式，都能保留住黎塘莲藕的鲜味、美味。对于宾阳人来说，黎塘莲藕是一种乡味。

清朝陆生兰在《宾州志》中记载："狄蔗作糖甚佳。"狄蔗是一种古老的甘蔗品种，也就是说至迟在清代时，宾阳人民就掌握了用狄蔗古法制糖的工艺。一直到民国，宾阳蔗农仍以古法生产蔗糖。

广西是中国最大的甘蔗产区，而宾阳是广西甘蔗种植大县。20 世纪 70 年代至 80 年代初期，宾阳县先后建成黎塘糖厂、廖平农场糖厂、大桥糖厂。这一时期，宾阳甘蔗种植面积逐年扩大，蔗糖不仅源源不断地供应着本地市场，还销往周边县市及贵州、云南、湖南等地。

非遗广西 炮龙节 传承千年的狂欢

130

蔗农在甘蔗地里劳作

　　甘蔗种植周期长，每年农历一月种植，直到立冬时节才甜透，民间有"十月甘蔗甜到尾"的谚语，到了农历十一月、十二月，蔗农们就开始收割了。甘蔗经过一系列制作工艺流程，可生产出红糖、白砂糖、红砂糖、片黄糖等，广泛应用于人们的日常生活。逢年过节人们最喜欢吃红糖，将其用于制作扣肉、面食、糖糕、糍粑等，或是煮汤圆、煮甜酒、煮南瓜、煮红薯、煮红豆等，都极具风味。在广西，壮族、瑶族、苗族、侗族、仫佬族等少数民族过年时都喜欢熏制腊肉，而甘蔗渣是绝好的熏腊肉燃料，用它熏出的腊肉带有甘蔗的

古法熬制而成的新圩红糖

淡淡甜香，味道很特别。

　　近年来，传统制糖工艺经过不断改良，制作出的蔗糖滋味香浓，保留有甘蔗原味的清香，营养价值丰富。

　　在宾阳县新圩镇，至今仍保留着古法熬制蔗糖的制作技艺，在新圩镇上国村建有红糖产业实验示范基地。其古法制糖技艺包括选料、榨汁、熬煮、倒模、冷凝等多道工序，所熬制出的原味红糖、生姜红糖、玫瑰红糖、桂花红糖、枸杞红糖等"齐古宴"系列蔗糖产品，色香味美，是市场上不可多得的绿色食品。红糖产业的发展，带动了当地群众脱贫致富，推动了乡村振兴，使新圩镇成为名副其实的"红糖小镇"。此外，宾阳县洋桥镇甘蔗生产基地每年都为县里的蔗糖生产供应大量甘蔗。

以红土为原材料手工制作而成的邹圩红陶

由于蔗糖的日常需求量大，在宾阳周边还有很多糖厂相继建成，如南宁糖业股份有限公司伶俐糖厂等，生产的蔗糖都以上佳品质获得消费者的青睐。

黎塘镇是广西重要交通枢纽，湘桂铁路贯穿全境，黎湛、黎钦铁路都以黎塘站为首发站，桂海高速公路穿腹而过。因拥有独特的区位优势及交通优势，黎塘镇成为华南、西南经济圈的交会点。

因着便利的交通和丰富的物产，黎塘与外来的商贸交易、人文交流更为迅捷。而炮龙节与黎塘圩镇物产的结合，为圩镇农业文化增添神奇色彩，彰显圩镇文化魅力。莲藕、蔗糖等圩镇物产通过炮龙节和发达的交通，远销全国各地及海内外。因此，讲好圩镇的炮龙故事，是传播圩镇物产美名、招

新一代邹圩红陶传人在学习制陶技艺

商引资、提升人气的良好方式。

　　每个圩镇都有各自的特色，与炮龙节共生共融的方式也不一样。邹圩镇、新桥镇与宾州镇离得很近，在炮龙节的传承上也最为原汁原味。邹圩镇盛产邹圩红陶，其红陶制作技艺及红陶制品都极负盛名。红陶以当地特有的红土为原材料，通过传统手工制陶技艺制作而成，独具地方特色。邹圩红陶既是特产，又可为炮龙文化增光添彩。比如以邹圩红陶为载体，开发一系列以炮龙文化为主题的红陶文创产品，既具有实用功能，又具有艺术价值，从而促进炮龙节与邹圩红陶产业的融合发展。

新桥镇流行采茶戏，采茶戏为当地传统戏曲剧种，其表演载歌载舞，欢快活泼，曲调有贺茶调、卖杂货、倒采茶、打花鼓等十多种。采茶戏常在正月十一炮龙节至正月十五元宵节期间表演，分为舞台表演和游行祈福两种。舞台表演以"十二月采茶戏"为主，反映茶农的生产生活和爱情故事。游行祈福则由扮演茶公、茶娘、仙女等的演员组成队伍，走街串巷到各家各户祈福，唱采茶歌，恭祝主家添丁发财、六畜兴旺等，气氛热烈。采茶戏以浓厚的地方人文色彩和生活气息丰富了炮龙节的文化内涵和活动内容。

圩镇既是人们生产、生活的空间，又是地理、生态、人文的综合体。宾阳炮龙节从宾州镇及周边圩镇的优势文化资源出发，注重对圩镇特色文化的挖掘与融合，立体展现宾阳人民追求美好生活、奋发向上的时代新风貌。宾阳圩镇和炮龙节在互促互进、共生共融中形成巨大张力，在其中，圩镇被赋予了更多的发展生机，社会、经济、文化等方面获得全新发展。

附录

◆ 宾阳炮龙节

国家级非物质文化遗产代表性项目

项目序号：981

项目编号：X–74

公布时间：2008 年（第二批）

类别：民俗

类型：新增项目

申报地区或单位：广西壮族自治区宾阳县

保护单位：宾阳县文化馆

宾阳炮龙节是流行于广西南宁市宾阳县宾州镇一带的传统节日，是汉族、壮族文化融合共生的综合性民间节庆，于每年农历正月十一举行，是在当地庆贺添丁的传统习俗——灯酒节上发展而成的。

节庆活动包括游彩架、吃灯酒、舞炮龙等。每年农历正月十一晚七时，扎制好的炮龙要在当地社坛或庙宇"开光"，由会首（或同社坛男性长者）咬破公鸡之冠，以鸡冠之血点亮龙眼后，即可万炮齐鸣，龙亦腾跃而起，按龙路狂舞前进。舞龙者均赤膊上阵，头戴龙帽。炮龙以龙牌、灯彩、锣鼓、八音等开路，抛火药者、护龙队等随龙而进。炮龙所到之处，各家各户夹道相迎，将事先准备好的鞭炮拿出来燃放，抛向炮龙，有"炮声不停，龙舞不止"之说。其势其景，蔚为壮观。观龙者，多乘此时抱着小孩钻龙肚，祈求新的一年小孩平安长大、乖巧聪明、健康无恙。

宾阳炮龙节历史悠久，内涵丰富，由稻作文化、社坛文化、灯酒文化、龙母文化等构成，被人们认为是勇敢者的运动，是中华民族传统体育竞技的一部分。在节庆中，人们相互往来，通过同社坛内部祭祀、会餐，达到联络情感、强化认同的目的。2008年6月，经国务院批准，宾阳炮龙节列入第二批国家级非物质文化遗产代表性项目名录。

扫码看视频

邹玉特 ZOU YUTE

宾阳炮龙节自治区级代表性传承人

　　邹玉特，男，汉族，1954 年生，广西宾阳县人。2008 年 6 月，经国务院批准，宾阳炮龙节列入第二批国家级非物质文化遗产代表性项目名录。2009 年 6 月，邹玉特被认定为第二批自治区级非物质文化遗产代表性传承人。

　　邹玉特出生于炮龙世家，祖孙三代都扎龙，而邹玉特编扎炮龙已 50 多年。邹氏炮龙以做工扎实、形态威猛、栩栩如生著称。他从小跟随父亲邹永生学习扎龙、扎狮、扎灯彩及彩架等。和父亲一样，他也非常热爱各种民间艺术，尤其热爱扎龙。22 岁出师以来他对扎龙技艺精益求精，求新求变。

近年开发的迷你龙、小龙、小手工艺龙极具特色。他以交流展演为抓手，促进宾阳炮龙在海内外传播与弘扬，他制作的小龙在"春天的旋律·2020"跨国春节晚会上与中国澳门地区，以及印尼、菲律宾、泰国等东盟国家的少年儿童互动、交流。他制作的5米长精品龙在广西民族博物馆五彩八桂展厅展出并保存收藏。他大力开展传帮带工作，培养李继得、谢向忠、覃得武等多名扎龙传人，推动扎龙技艺走进宾阳县职业技术学校、宾阳县思恩民族中学等学校，促进扎龙技艺薪火相传。

扫码看视频

伍学规 WU XUEGUI

宾阳炮龙节自治区级代表性传承人

　　伍学规，男，汉族，1949 年生，广西宾阳县人。2008 年 6 月，经国务院批准，宾阳炮龙节列入第二批国家级非物质文化遗产代表性项目名录。2009 年 6 月，伍学规被认定为第二批自治区级非物质文化遗产代表性传承人。

　　伍学规 16 岁起向父亲学习舞炮龙技艺，常年的耳濡目染及良好的身体协调性，让他很快就熟练掌握舞炮龙的套路与技巧，包括龙头、龙身、龙尾等炮龙各部位的舞法与技术，舞龙已有 57 年。因具有较强的组织能力和高超的舞龙技艺，每年炮龙节他都被群众推选为街道的舞龙组织者，负责舞龙队的培训、排练，同时召集扎龙人扎制形态美观、耐舞耐炸的炮龙。在他的指导下，舞龙队的出彩演绎受到来自各地游客的赞赏。他培养了甘狄英、廖国维、伍广昆、伍广鹏等舞龙人。他常参加宾阳县宾州镇文化体育和广播影视站的舞炮龙展演交流活动，每年20多场，与来自全国各地的旅游团队互动、交流，呈现多姿多彩的舞炮龙节目，并协助政府相关部门开展调研、考察工作等。他曾参加中央电视台对宾阳炮龙节的拍摄工作，为推介、传播宾阳炮龙节做出贡献。

广西国家级非遗代表性项目名录

序号	名称	类别	公布时间	保护单位
1	布洛陀	民间文学	2006年（第一批）	田阳县文化馆
2	刘三姐歌谣	民间文学	2006年（第一批）	河池市宜州区刘三姐文化传承中心
3	壮族嘹歌	民间文学	2008年（第二批）	平果县民俗文化传承展示中心
4	密洛陀	民间文学	2011年（第三批）	都安瑶族自治县文化馆
5	壮族百鸟衣故事	民间文学	2014年（第四批）	横县文化馆（横县非物质文化遗产保护中心）
6	仫佬族古歌	民间文学	2021年（第五批）	罗城仫佬族自治县文化馆
7	侗族大歌	传统音乐	2006年（第一批）	柳州市群众艺术馆
8	侗族大歌	传统音乐	2006年（第一批）	三江侗族自治县非物质文化遗产保护与发展中心
9	多声部民歌（瑶族蝴蝶歌）	传统音乐	2008年（第二批）	富川瑶族自治县文化馆
10	多声部民歌（壮族三声部民歌）	传统音乐	2008年（第二批）	马山县文化馆
11	那坡壮族民歌	传统音乐	2006年（第一批）	那坡县文化馆
12	吹打（广西八音）	传统音乐	2011年（第三批）	玉林市玉州区文化馆
13	京族独弦琴艺术	传统音乐	2011年（第三批）	东兴市文化馆

序号	名称	类别	公布时间	保护单位
14	凌云壮族七十二巫调音乐	传统音乐	2014年（第四批）	凌云县文化馆
15	壮族天琴艺术	传统音乐	2021年（第五批）	崇左市群众艺术馆
16	狮舞（藤县狮舞）	传统舞蹈	2011年（第三批）	藤县文化馆
17	狮舞（田阳壮族狮舞）	传统舞蹈	2011年（第三批）	田阳县文化馆
18	铜鼓舞（田林瑶族铜鼓舞）	传统舞蹈	2008年（第二批）	田林县文化馆
19	铜鼓舞（南丹勤泽格拉）	传统舞蹈	2014年（第四批）	南丹县非物质文化遗产保护传承中心
20	瑶族长鼓舞	传统舞蹈	2008年（第二批）	富川瑶族自治县文化馆
21	瑶族长鼓舞（黄泥鼓舞）	传统舞蹈	2011年（第三批）	金秀瑶族自治县文化馆
22	瑶族金锣舞	传统舞蹈	2014年（第四批）	田东县文化馆
23	多耶	传统舞蹈	2021年（第五批）	三江侗族自治县非物质文化遗产保护与发展中心
24	壮族打扁担	传统舞蹈	2021年（第五批）	都安瑶族自治县文化馆
25	粤剧	传统戏剧	2014年（第四批）	南宁市民族文化艺术研究院（南宁市戏剧院、南宁市非物质文化遗产保护中心）
26	桂剧	传统戏剧	2006年（第一批）	广西壮族自治区戏剧院
27	采茶戏（桂南采茶戏）	传统戏剧	2006年（第一批）	博白县文化馆
28	彩调	传统戏剧	2006年（第一批）	广西壮族自治区戏剧院

序号	名称	类别	公布时间	保护单位
29	壮剧	传统戏剧	2006 年（第一批）	广西壮族自治区戏剧院
30	侗戏	传统戏剧	2011 年（第三批）	三江侗族自治县非物质文化遗产保护与发展中心
31	邕剧	传统戏剧	2008 年（第二批）	南宁市民族文化艺术研究院（南宁市戏剧院、南宁市非物质文化遗产保护中心）
32	广西文场	曲艺	2008 年（第二批）	桂林市戏剧创作研究院（桂林市非物质文化遗产保护传承中心）
33	桂林渔鼓	曲艺	2014 年（第四批）	桂林市群众艺术馆
34	末伦	曲艺	2021 年（第五批）	靖西市文化馆
35	抢花炮（壮族抢花炮）	传统体育、游艺与杂技	2021 年（第五批）	南宁市邕宁区文化馆（南宁市邕宁区广播影视站）
36	竹编（毛南族花竹帽编织技艺）	传统美术	2011 年（第三批）	环江毛南族自治县非物质文化遗产保护传承中心
37	贝雕（北海贝雕）	传统美术	2021 年（第五批）	北海市恒兴珠宝有限责任公司
38	骨角雕（合浦角雕）	传统美术	2021 年（第五批）	合浦金蝠角雕厂
39	壮族织锦技艺	传统技艺	2006 年（第一批）	靖西市文化馆
40	侗族木构建筑营造技艺	传统技艺	2006 年（第一批）	柳州市群众艺术馆
41	侗族木构建筑营造技艺	传统技艺	2006 年（第一批）	三江侗族自治县非物质文化遗产保护与发展中心

序号	名称	类别	公布时间	保护单位
42	陶器烧制技艺（钦州坭兴陶烧制技艺）	传统技艺	2008年（第二批）	广西钦州坭兴陶艺有限公司
43	黑茶制作技艺（六堡茶制作技艺）	传统技艺	2014年（第四批）	苍梧县文化馆
44	米粉制作技艺（柳州螺蛳粉制作技艺）	传统技艺	2021年（第五批）	柳州市群众艺术馆
45	米粉制作技艺（桂林米粉制作技艺）	传统技艺	2021年（第五批）	桂林市戏剧创作研究院（桂林市非物质文化遗产保护传承中心）
46	龟苓膏配制技艺	传统技艺	2021年（第五批）	广西梧州双钱实业有限公司
47	壮医药（壮医药线点灸疗法）	传统医药	2011年（第三批）	广西中医药大学
48	京族哈节	民俗	2006年（第一批）	东兴市文化馆
49	三月三（壮族三月三）	民俗	2014年（第四批）	南宁市武鸣区文化馆
50	瑶族盘王节	民俗	2006年（第一批）	贺州市群众艺术馆
51	壮族蚂𧌕节	民俗	2006年（第一批）	河池市非物质文化遗产保护中心
52	仫佬族依饭节	民俗	2006年（第一批）	罗城仫佬族自治县文化馆
53	毛南族肥套	民俗	2006年（第一批）	环江毛南族自治县非物质文化遗产保护传承中心
54	壮族歌圩	民俗	2006年（第一批）	南宁市民族文化艺术研究院（南宁市戏剧院、南宁市非物质文化遗产保护中心）
55	苗族系列坡会群	民俗	2006年（第一批）	融水苗族自治县文化馆

序号	名称	类别	公布时间	保护单位
56	壮族铜鼓习俗	民俗	2006年（第一批）	河池市非物质文化遗产保护中心
57	瑶族服饰	民俗	2006年（第一批）	南丹县非物质文化遗产保护传承中心
58	瑶族服饰	民俗	2006年（第一批）	贺州市群众艺术馆
59	瑶族服饰	民俗	2014年（第四批）	龙胜各族自治县文化馆
60	农历二十四节气（壮族霜降节）	民俗	2014年（第四批）	天等县文化馆
61	宾阳炮龙节	民俗	2008年（第二批）	宾阳县文化馆
62	民间信俗（钦州跳岭头）	民俗	2014年（第四批）	钦州市非物质文化遗产传承保护中心
63	茶俗（瑶族油茶习俗）	民俗	2021年（第五批）	恭城瑶族自治县油茶协会
64	中元节（资源河灯节）	民俗	2014年（第四批）	资源县文化馆
65	规约习俗（瑶族石牌习俗）	民俗	2021年（第五批）	金秀瑶族自治县文化馆
66	瑶族祝著节	民俗	2021年（第五批）	巴马瑶族自治县文化馆
67	壮族侬峒节	民俗	2021年（第五批）	崇左市群众艺术馆
68	壮族会鼓习俗	民俗	2021年（第五批）	马山县文化馆
69	大安校水柜习俗	民俗	2021年（第五批）	平南县文化馆
70	敬老习俗（壮族补粮敬老习俗）	民俗	2021年（第五批）	巴马瑶族自治县文化馆

注：保护单位名称以国务院公布的项目名录信息为参照

书籍设计	刘瑞锋　钟　铮　黄璐霜
音像制作	陆春泉　王　涛
图片摄影	黎　炼　何宏生　韦　欢
图片提供	广西非物质文化遗产保护中心 宾阳县委宣传部 邹玉特　伍学规　周宏年　甘狄英
视频提供	甘狄英　伍学规　梁猛豪